日本人と言葉

貧困化の背景を読む

原口　厚

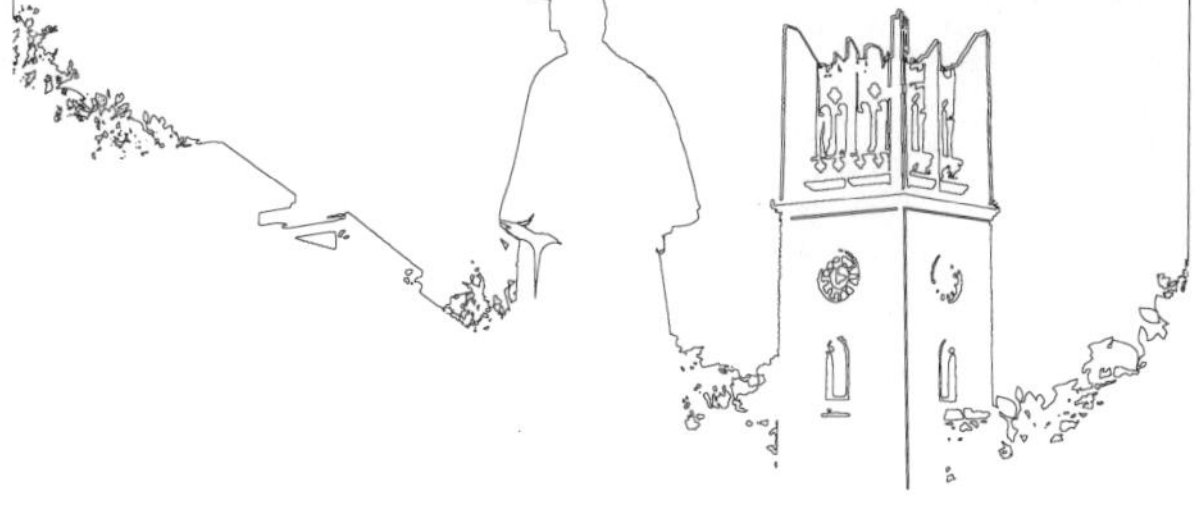

早稲田新書
025

はしがき

一般に、外国語で話すためには、発音や語彙、文法などの学習がまず必要であると思われています。しかしこれは間違いです。最も重要なのは、母語の場合と同様に〈何を言うか〉であり、そのために自らの意見を形作ることです。もとより語彙や文法などは必要です。しかしこれは手段であり、身振り、手振りなど他の方法によっても代替可能です。逆に、相手に言いたいこと、伝えたいこと、知りたいことなどがなければ、どんなに発音を磨き、語彙や文法の知識を積み上げ、読解力などを形成しても大した意味はありません。そこに生まれるのはむしろ学習の自己目的化です。これは本来外に向かって開かれている外国語学習を教室内に閉じ込めて教室内儀式や「学校課題」(第5章1参照) 化し、勉学意欲の足を引っ張ります。

筆者は一九八〇年代の初めからあちこちの大学でドイツ語授業を担当してきました。最初は自分も経験してきたように、語彙や文法中心の授業をしていました。しかし学生諸君の退屈そうな顔と態度に接するうちに、この方法への懐疑が胸中に広がってきました。だからと言ってこれに代わる良い方法も思いつきません。そこでとりあえず心がけたのが、〈何を言うか〉と〈意見形成〉を刺激し、参考ともなるようなドイツ語圏と日本の社会や文化の諸問題を取り上げることでした。

その後ドイツで理論と実践にわたる半年間のドイツ語教員養成の集中研修を受け、二〇二一年まで早稲田大学商学部で主にドイツ語授業を担当してきました。そこで研究と実践の大きな柱としたのが〈乏しい語彙と文法でいかにテクスト内容を理解するか〉で、これをまとめたものが『ドイツ語読解法　目標と方法』（早稲田大学出版部、二〇二〇年）です。これはその名のとおり、読むとはどのようなことかから始めて、語彙や文法への対処法などについて述べた参考書です。しかし時間と分量の制約もあり、外国語を学ぶ目的や読解能力を形成する意義などについては十分に立ち入ることができませんでした。そこでこれらについて補足したいというのが本書執筆の出発点です。しかし実際に書いてみると、問題は狭義の外国語教育の枠には収まらず、逆に日本における言葉の使用などにも話を広げて生まれたのが本書です。

〈何を言うか〉の欠如や不足とならんで、日本語の使用に関して最近気になるのが、理よりも情緒を優先した曖昧で空虚な言葉や、言葉に対する粗雑でおざなりな態度などです。その一例として目に付くのが〈言葉の決まり文句化〉とでも呼ぶべき現象です（第1章16参照）。しかし本来は、伝えようとする具体的内容と前後関係、文体などによってさまざまな語や表現が可能かつ必要なはずです。このことが特に該当するのが、政治家や官僚、企業人の言葉、マスコミの文章、学生のレポートや論文などです。なぜならば、これらの公的、社会的言説にとって最も重要なのは自らの意見や内容を相手にできる限り直截かつ正確に伝えることだからです。

それにもかかわらず判で押したような言葉ばかりが多用されるのはなぜでしょうか。一因として考えられるのが、〈コピー＆ペースト〉された言葉がパソコンやスマホを介してわれわれに日々大量に流れ込んでくることです。しかし本来われわれは目や耳から入ってきた言葉をそのまま使っているわけではありません。人間は言いたいことや伝えたいことがあって、それが相手になるべくうまく伝わるように、前後関係や文体なども考えて言葉を厳密に選んで使うはずです。それにもかかわらず、言葉が画一化するのはこの〈自分の頭で考えて言葉を組み立てる〉という過程を省略し、言葉の使用がオウムや九官鳥化しているからだろうと思います。

そしてさらにその理由を考えるならば、日本人の多くが他者の顔色や意見などを窺い、同調することには熱心でも、自分自身の考えや意見の形成には一般に関心が薄く、そうした教育も受けてこなかったことが挙げられます。そこでこれにさしたる自負も愛着もないが故に、相手にこれをできる限り正確に伝えたいという欲求や熱意もまた乏しいのではないかと思います。

今日の世界では、米国の親／反トランプ派の衝突などに見られるように、見解や意見の対立と社会の分裂が広がり、さまざまな問題を生んでいます。これには自立した個人の自由と、言葉による自己主張を前提として組み立てられた西欧起源の個人主義文明のありかたもかかわっていると思います。こうした点で、自らの意見の主張に限界と問題もあるのはもとよりのことです。しかし日本で目に付くのは、これとは逆に、理と言葉による意見の展開や議論の貧困による問題であり、その自覚と対策が喫緊の課題です。こうした点から本書が目的とするのは、日本における言葉の使用をめぐる問題を軸に、これを取り巻く社会と教育について考えることです。

第1章では〈金太郎飴化〉など、言葉の貧困の諸症状について概観し、特に書き言葉を適切に習得、使用するためのとりあえずの助言を述べます。しかし問題に多面的、主体的に対応するためには、歴史的経緯や複合的な背景などを理解しておく必要があります。こうした点から第2章では、一九六〇年代末からの大学紛争を境とした社会環境の変容について述べます。

第3章では、今日ではさほど有名ではありませんが、田中康夫の『なんとなく、クリスタル』（以下『なんクリ』）という小説を取り上げます。これは一九八〇年の第一七回文藝賞受賞作で、そこにはファッションからレストランなどまで、各種ブランドの数々が、四四二もの註と共に登場することから、〈ブランド小説〉とも揶揄されました。しかしこれは大学紛争後の人々の意識と時代の風俗をうまく掬い上げ、戦後日本における「〝ぜいたくの民主化〟」（天野 二〇〇二、一六頁）現象とも言うべきその後の展開を予兆させる記念碑的作品だと思います。本作品の登場人物は、気分や雰囲気で流行やブランドを追いかけるばかりの〈おバカな若者〉として一般に理解されてきたと思います。しかし事はそれほど単純ではありません。本作からは、明治維新以来今日にまで続く日本社会の事大主義、受容・適応中心主義の問題点もまた浮かび上ってきます。第4章で取り上げる教養主義は、主に旧制高校の生徒や大学紛争以前の新制大学の学生などにとって「寮生活や課外活動などの隠れたカリキュラム」(竹内 一九九九、二五一頁)の役割を果たしていました。これは『なんクリ』とは対照的な超俗主義であると一般に思われています。しかし果たしてそれだけでしょうか。その底には権威やブランドの崇拝・受容という点で『なんクリ』とも相通ずるものが垣間見えます。

第5章では言葉の使用に大きな影響を及ぼす高校までの学校での勉学や、そこで形成される勉学/能力観、子供の社会化などについて検討します。第6章では大学を取り上げ、初等・中等教育との質的な違いとその役割について考えることにします。

戦争は命懸けであることから、軍隊は徹底して自分の頭で考え、形式などよりも実を追求しそうなものです。しかし旧日本軍はこれとは対極的な組織でした。こうした観点から第7章では、旧軍とその幹部の多くを養成した軍学校における主に言葉や教育をめぐる問題について考えたいと思います。終章は補足とまとめです。

言葉や教育に関する話の中で、軍隊や戦争について取り上げることについて奇異にお思いになるかもしれません。しかしこれは次のような理由によります。

筆者が小学生の頃は、特攻隊や本土空襲、敗戦と米軍による占領などからまだ一五年ほどしか経っていませんでした。そこで社会には戦争の傷跡がまだ色濃く残っており、親や周囲の大人などからも当時のことをよく耳にしました。かくして戦記や兵器などに関する本を読めば読むほど痛感したのが、まず〈アジア太平洋戦争〉がいかに日本にとって身の丈に合わない無謀な行為であったかということです。そしてもう一つは、旧軍の体質は学校をはじめとして今日の日本にも連続しているということです。こうした点から、本書では千早正隆や堀栄三、小松真一、山本七平など、戦争の当事者／体験者の書物を中心として多数の引用を行いました。それはこれらの多くが、〈千早　一九九一〉の副題「敗戦直後の痛恨の反省」が示すように、記憶がまだ生々しい戦後間もない頃に、あるいは当時の記録に基づいて書かれており、そこから多くの貴重な示唆が得られるからです。

戦争について〈国のために戦う／命を捧げる〉といった抽象的かつ〈美しい〉言葉で語られることがよくあります。しかしその具体的現実は、銃砲弾に自らの手足を吹き飛ばされ、内臓をえぐられ、大変な苦しみの果てに非業の死を遂げることであり、住むところや生活の基盤を破壊されるという不条理にほかなりません。今ウクライナやガザ地区で起きているのと同様のことが、つい八〇年ほど前にこの日本の地でも起きていたのです。こうした悲惨がわが身に起こることを想像すれば、地震とは異なり、戦争は予防・回避できるはずです。

本書ではそれ以外にも多くの引用を行い、出典を明示しました。その理由は、他者の言葉や資料などについては、できる限り原文を示し、出所を明確にすることが著者としての義務と責任だからです。また関心に応じて、参考文献を手掛かりに他の本も読むことによって、視野と知識が広がり、その中から何らかの見解や意見が生成してくるからです。第1章にも述べるように、良き日本語を話し、書くためには読書が不可欠です。これがその一助ともなれば幸いです。

最後に筆者からのお願いがあります。後期高齢者間近の筆者との年齢差などもあって、本書には読者のみなさんになじみのない言葉や内容が時々出てくるかと思います。その際はお手数ですがお調べくださ い。なぜならば、本文にも述べるように、勉学とはあらたまって教室でばかり行うものではなく、日々のこうした小さな積み重ねが知識を拡大し、言葉を鍛えるからです。パソコンやスマホからの情報には正確性や信頼性という点で問題もあります。しかしおおよそのところを手っ取り早く知るには便利な機器です。これを使わない手はありません。

目次

〈凡例〉

出典・表記については次のとおりとした。

① 次の人名と出典は略記した。

竹内洋→竹内、山本七平→山本、田中康夫 一九八一 →田中

朝日新聞→朝日、毎日新聞→毎日、東京新聞→東京

② 引用文中の傍点、ふりがな、かっこは原則として原著のとおりとし、今日では使用が〈不適切〉とされる言葉も原文を尊重してそのままとした。なお、引用文中の太字は原則として非太字とするとともに、註番号などについては省略し、漢字の旧字体は新字体に改めた。

第1章　言葉の貧困の諸症状と対応策

「肥満はもう一つの栄養失調」とも言われます。周知のように、肥満は特にファストフードのような糖や油脂などが多い食品の食べすぎによって引き起こされます。これらは高熱量である一方、栄養面で問題が多く、濃厚な味付けへの慣れも加わり、肥満体の陰にしばしば病気を生みます。これとも似て、インターネットやSNSなどによる言葉の氾濫の陰で進行しているのが言葉の貧困化という一種の栄養失調です。本章ではその症状のいくつかと、とりあえずの対応策について見ることにします。

1　言葉の仕組み――ティッシュは机かちり紙か

本題に入る前に、言葉の仕組みについてごく簡単に述べておきます。詳しく正確に知りたい方は〈加賀野井秀一　二〇〇四〉、〈町田健　二〇〇四〉などお読みください。

言葉の仕組みの根幹にあるのは〈差異化〉と〈恣意性〉の原理です。前者は、あるものの意味や価値は、他との相違から生成するということです。簡単な一例を挙げると、Lippe（リッペ　唇）とRippe（リッペ　肋骨）の違いです。ippeのところは同じでも、日本語話者にはどうでもよいLとRの発音の違いがドイツ語では意味の違いを引き起こします。このように意味弁別機能を持つ少数の〈音素（Phonem）〉の組み合わせで無数の語が作り出せるのは何語でも同じです。

後者は、〈こうでなければならないということはない〉ということです。上の例で言えば、LやR自体に唇や肋骨と関係するものは何もなく、〈唇〉がRippeで〈肋骨〉がLippeでも、当初の違和感は別として、差支えないはずです。このことは語彙や文法など言語全体に及びます。

その結果が語彙や文法などを異にする多数の言語の存在や時代による変化です。語彙について一例を挙げると、日本語話者は〈ツ・ク・エ〉という音の並びを聞くと〈机〉を思い浮かべます。しかしドイツ語話者に〈机〉を想起させるのは〈ティ・ッ・シュ〉（Tisch 机）です。ところがこれで日本語話者が想起するのは〈ティッシュ（ペーパー）〉、すなわち〈ちり紙〉です。文法について言えば、ヨーロッパの言語の多くには冠詞という日本語話者にとって厄介なものがあります。しかしこれはヨーロッパでもロシア語やラテン語などにはありません。地球上どこでも物が上から下に落ちるように、もし仮に言語も〈絶対にこうでなければならない〉ものだとしたら、〈ティッシュ〉をめぐる音と意味の〈ヘンな〉関係はないはずです。また言語による冠詞の有無という現象もなく、世界には一つの言語しかないはずです。

それでは誰がこうした恣意的な取り決めを行ったのでしょうか。それは分かりません。もとより言語を通時的（歴史的）に調べて、Tisch はラテン語の discus から借用され、これはさらにギリシャ語の dískos に由来し……といった説明はできます。しかしそれでもなぜギリシャ語で dískos だったのかは分かりません。〈そういうことになっている〉としか言えません。したがって、日本語、ドイツ語といった各言語は、誰がなぜそうしたのか不明な無数の約束事から成り立つ巨大な体系であると言えるでしょう。

上述の点から、言葉は多数決原理による究極の〈民主主義〉と言えるかもしれません。若い方はご存じないと思いますが、一九八〇年の流行語にツービートの〈赤信号みんなで渡れば怖くない〉があります。言葉はまさにその世界です。しかしその反面、多数派の支持を失えば、その言葉は消え、あるいは他の形に置き換わります。一例を挙げると、〈見れる・食べれる〉という〈ら抜きことば〉はしばしば〈誤り〉として非難されます。しかし上に見てきたように、言語学の立場からは誤りとは言えず、究極的にはどうでもよいのです。誤りであるとするためには、〈食べられる・見られる〉が絶対的に正しく、そうでなければならないという前提が必要です。

しかしこれは原理的な次元の話であって、個人の語感という次元では様相を異にします。筆者は〈見れる・食べれる〉という音連鎖は好まず、必ず〈見られる・食べられる〉と言います。なぜかは分かりません。おそらく〈見られる・食べられる〉が多く用いられる時代と空間に育ち、学校などでもこれが〈正しい〉と教えられ、それを受け入れて使ってきたからだろうと思います。こうした語感の形成については〈見れる・食べれる〉派でも同じでしょう。

したがって、〈見られる・食べられる〉派が減少し、いつの日かみんなが〈見れる・食べれる〉と言う日が来たとすれば、現在これに表示されている赤ないし黄信号は青に切り替えられるでしょう。そしてその時には〈見られる・食べられる〉は〈誤り〉ないしは〈古めかしい〉とされ、学校などでもそのように教えられるどころか、教える必要もなくなるでしょう。

言葉の働きの一つに、個別に異なるものを一つにまとめられることが挙げられます。ちょっと周囲にあるものを見回してみてください。等しく〈アカ〉と呼ばれる色でも、その色合いは個別に異なります。赤黒いアカもあれば、桃色と呼べそうなアカもあります。だからと言って一つずつ○○色、△△色……と名付けていたら、収拾がつかなくなります。これらをまとめて〈アカ〉という一語で済ませ、後は状況に委ねるという仕組みは便利かつ合理的です。これは例えて言えば、一つひとつは色調を異にするバラバラの豆も、〈アカ〉、〈クロ〉……といった大まかな名札を付けたいくつかの袋にまとめて整理すると取り扱いが簡単になるようなものです。

しかしその代償として、こうした概括化による個別性の喪失や曖昧さが言葉には常に付きまといます。そこでどんなに明瞭かつ的確な表現を心がけたとしても、いろいろな解釈が生まれる可能性は原理的に排除できません。しかしそうであればこそ、言葉を使用する者にはできる限り明瞭かつ的確な語の選択や表現を心がける義務と責任があります。これは野球での送球に際して、どんなに捕りやすく投げても相手が捕り損なう可能性があり、逆にそうであればこそ、確実に捕球できるような球を投げなければならないのと同じです。

2　出発点にある問題——こちらがお答になります

前節に述べた点から、以下は筆者の語感にも大きく依拠し、絶対にこうでなければならないというものではありません。しかし日常会話などはともかく、政治家や官僚などの発言、新聞などの記事、企業・官庁などの業務上の文書や口頭での説明、論文やレポートといった公的、社会的言説は「何らかのことがらを筋道を追って考える『理的な情報』」（今野、三頁）です。そのために何よりも求められるのは、これを伝達する明確で直截的な言葉です。本章では主にこうした点から筆者にとって気になる言葉のいくつかを取り上げます。

しかしそれに先立ってまず踏まえておく必要があるのは、そもそも「日本語には『AはBである』とだけ淡々と書く言葉の形がないんですよ」（養老（他）、一三八頁）ということです。その結果の一例が、ファミレスで注文品を運んできた時などの〈こちらが〇〇**になります**〉です。これは〈バイト敬語〉などと言われてよく槍玉に挙げられます。それにもかかわらず、よく耳にするのにはそれなりの理由があります。〈なる〉は次節でも述べるように、〈年と共に子供が大きくなる〉の場合のように、一般に「〈非人為的〉と〈新たな状況の出現〉」（矢澤、三〇頁）を表わすものと理解されています。ところがこれは上のような場面には当てはまりません。そこでこれが聞き手に違和感を生みます（同）。

一方で〈なる〉は「手順に添って詰めていくところならざるをえないという内容を伝える場合」（同、三一頁）にも用いられます。そこで〈こちらが○○です〉に代わって〈こちらが○○になります〉を用いることによって、「『お客の予想から外れるかもしれないが』という断り」（同）が添えられ、そこから謙虚さや畏まった響きが生まれます。一方〈○○です〉の本来の敬語による表現は〈○○でございます〉です。しかしこれは現代の語感では仰々しく、堅苦しく感じられます。だからと言って〈○○です〉では不愛想で、接客などに際しては客の機嫌を損ねるかもしれません。そこで適度な敬意を表現するために〈○○になります〉が便利に使用される傾向もあるようです（同、三三頁）。

この例にも見られるように、日本語では〈AはBである〉といった明確で直球的な物云いはとかく〈ぶっきらぼう〉などとして忌避されます。そこに常に忍び込んでくるのが、聞き手と話し手の間の上下関係や聞き手の顔色窺い、丁寧といった要素による細かな〈配慮と調整〉です。しかしこれらによるいわば変化球はしばしば曖昧さなどを招き寄せます。〈○○になります〉の背後にある「手順に添って詰めていくところならざるをえない」も自らの責任回避に通じます。

こうした点で「日本語は事実確認に向いていない」（養老（他）、一三三頁）とも言えるでしょう。しかしだからと言ってこれに甘んじていては相手に事実や意見をできる限り正確に伝えるという〈言葉の実〉は取れません。その対策の出発点は、日本語にはこうした特性があることをまず各自が弁《わきま》え、特に公的、社会的言説ではこの点に十分に配慮して言葉を使うことです。

3　〈する〉と〈なる〉――結婚は意志か成り行きか

物事を行うに際して、どんなに強い意志をもって能動的に行動しても目標が達成できるとは限らず、思わぬ結果に立ち至ることもしばしばです。この世は諸事の複雑な絡み合いで動いていることを考えれば、これは当然のことです。あきらめた瞬間に〈試合終了〉であることだけは確かだとしても、〈がんばれば夢はかなう〉というのは子供向けの精神訓話に過ぎません。

みなさんが六月に結婚を予定しているとして、これを相手と共に恩師や知人などに報告するとしたら、どのような言い方をするでしょうか。よく耳にするのは「私達、六月ニ**結婚スルコトニナリマシタ**」（池上、一九八頁　太字原口）です。成り行きで結婚ということもあるでしょう。しかしそうであれ、最終的に〈する〉と決めたのは自分です。それにもかかわらず、「あたかもその出来事が当事者の意図を越えたレベルでおのずから成ったかのような提示の仕方」（同）をするのはなぜでしょうか。池上嘉彦は次のように述べています。

もちろん、「私達、六月ニ結婚シマス」という表現で単に出来事を表わすだけということも可能である。しかし、日本語ではそれでもそれを〈なる〉的な表現にすることによって、もしかして入り込むかも知れない当事者の意図という意味合いを抑えようとする。〈動作主〉（行為・動作を行う主体　原口註）的なものをことさら際立たせる傾向の英語などとは、大変対照的である。（同）

結婚や就職の報告などでの〈なる〉の使用には目くじらを立てる必要もないでしょう。また人間中心の〈する〉的世界観が行き詰まりを見せている現代文明において、〈なる〉的世界観は文化人類学的に貴重で、前者を相対化する契機ともなります。一方政治などの公的、社会的な場面での発言や報道の言葉などでは、常に〈誰がそれを行ったのか〉という責任の所在を明らかにする必要があります。そこで〈なる〉に付着する〈責任主体の曖昧性〉という負の側面を考えた場合、〈なる〉の使用には注意が必要です。しかし日本ではこうした場合でも、物事をあたかも自然現象のようになぞらえる〈なる〉的表現が随所に見られます。一例として、東京五輪の開催に向けての業務に追われる大会組織委員会について次のような記事があります。

［…］聖火台の見学者が密にならないよう、フェンスの設置と観覧自粛の呼びかけを決め、さらに、一部を目隠しして見えなくする提案をした。しかし国際オリンピック委員会（ＩＯＣ）の反対で調整が難航。結局、目隠し案は**とりやめになった**。

（朝日、二〇二一年七月一六日　太字原口）

目隠し案を取りやめとしたのが大会組織委員会であることは文脈から推測できます。しかし意に反してではあっても、最終的に決断したのは大会組織委員会です。そこで最後の文は、責任の所在をはっきりさせるために、動作主は文中に明示しないまでも、〈(大会組織委員会は)目隠し案はとりやめとした〉とでもすべきでしょう。

二〇二一年の東京五輪の前日に開会式の式典担当者が解任されるという事件がありました。大会組織委員会の橋本聖子会長(当時)はその理由について次のように述べました。

> 橋本会長は解任の理由を問われ、「外交上の問題も色々ある。早急に対応しないといけないということで**解任の運びとなりました**」と説明。(朝日、二〇二一年七月二三日　太字原口)

解任という事象は誰かが判断し、実行しなければ起きません。それにもかかわらず〈解任いたしました〉ではなく、他人事のような「解任の運びとなりました」という言葉は、橋本会長／大会組織委員会の当事者意識の欠如を想起させます。

菅義偉首相(当時。以下同じ)はCOVID–19への対策として、二〇二一年七月三〇日に埼玉、千葉、神奈川の三県と大阪府に緊急事態宣言を出すことを決定し、その後の記者会見での冒頭発言を「今回の宣言が**最後となる**ような覚悟で、政府を挙げて全力で対策を講じていく」(朝日、二〇二一年七月三一日　太字原口)と締めくくりました。これについて同紙編集委員の高橋純子は「しかし宣言を出すのは政府なのだから、覚悟を語るなら『最後にする覚悟』であるはずだ」(朝日、二〇二一年八月一八日）と〈噛みついて〉います。まさにそのとおりです。「覚悟で」、「政府を挙げて」、「全力で」などという仰々しく形式的な言葉など不要です。発言の実を取るために必要なのは〈最後とする〉という首相自らの意志の表明です。

なる的表現がよく用いられるのは確かに日本語の特性によると言えるでしょう。しかし「対立は言語の本質である」（有田、一二六頁）という言葉が物語るように、〈する〉と〈なる〉は、適切な使い分けによってそれぞれが力を発揮し、メリハリのある言葉を生みます。それにもかかわらず、何でも〈なる〉に押し付けて責任を回避するのは、〈なる〉に対して失礼です。

〈なる〉の多用は言葉の問題であると同時に、日本人の思考や心性の問題でもあります。これは会議などで判断や決定が誰かに主導されてというよりも、しばしばその場の〈空気〉で行われることにも見て取ることができます。言葉はその反映でもあります。こうした長年の社会的慣行を一挙に変えることは困難です。しかし各自が意識して言葉の使用を改めることは比較的容易にできます。そこで上の引用例の場合、〈なる〉的表現に替えて〈とりやめとする〉、〈解任する〉、〈最後とする〉といった〈誰がどうする〉型の表現を使う必要があると思います。これに伴う動作主や責任主体の意識化は各自の思考や心性の変更を引き起こし、社会全体にも及ぶはずです。

4　理由を挙げる――〈なぜ〉を言わないのはなぜ

砂上楼閣という言葉もあるように、建物には固い地盤が必要です。これと同様に、意見にもこれを支える〈理由〉という土台が不可欠です。それは次の理由からです。

①意見に対する責任　どのような意見を述べるかは自由です。しかしその条件の一つに〈議論の余地があること〉があります。これなくしては、意見は〈私は悲しい〉といった感情の表出のようなものと化し、相手がその正しさについて検証できず、議論が成り立ちません。そこで話し手には自らの発言内容の理由を示す責任があります。

②相手の尊重と議論の発展性の確保　誰かに何かを依頼、指示などする際に、理由を挙げるのと挙げないのとではどちらが丁寧でしょうか。一般に前者の方が丁寧だと思います。なぜならば理由を示すことは、相手にも判断材料を分かち与えることだからです。これは議論の場合も同じで、理由を挙げることとは、まず相手を対等な議論の相手として認めることです。これによって議論の土俵が生まれ、主張と理由の関係などをめぐって質疑応答が成立します。ちなみに後に取り上げる〈丁寧さ〉の根本もまた、敬語の使い方といった言語技術ではなく、相手に対するこうした敬意とこれに基づく心遣いの問題だと思います（原口二〇一一、一三五―一三八頁）。

二〇二〇年一〇月に菅首相は、日本学術会議会員として推薦された六名の任命を、理由を挙げることなく拒否しました。首相は国民に対して自らの言動に責任を負っていることを考えれば、このことは上の二点に対する重大な違反として特筆に値します。これは議論の拒否であり、子供が感情のままに駄々をこねて意を押し通そうとするような一方的服従の要求です。

この件以外にも菅首相の答弁には官房長官時代から〈門前払い〉や〈問答無用〉が少なくありませんでした（ＡＥＲＡ 二〇二〇年、六六―六七頁）。これには「『弱みを見せたら終わりだという考えが、菅さんの中には相当強くあると感じています』」（同、六六頁）といった証言に見られる彼の個人的性格もあるのでしょう。しかしこうした「菅政権では国民と双方向のコミュニケーションが成立しないのか」（同）という疑念を呼び起こす言動は、同氏に限ったことではなく、安倍晋三政権（当時。以下同じ）の頃から政治の世界で目に付きます。その理由は第一に、「問題意識を持つ人たちがいても、その意見が世論に広がらない限りは、自分を支持してくれる人たちさえ押さえていれば政権は揺るがない、という安倍政権下の『開き直りのおごり』」（同、六六―六七頁）でしょう。

しかしさらにその底にあるのは「『水面下で手練手管を駆使して解決を図るのが政治だと考えているのではないか』」（同、六七頁）という菅氏の意識だと思います。こうした〈旦那衆の政治〉とも言うべき政治観は、彼らに限らず、理に基づく議論などよりも〈貸し借り〉や〈どちらが上か下か〉といった力関係で物事が動いてゆく日本の社会と文化に根差した構造的問題です。そしてこれは、政治家のみならず、彼らを選出する国民の側の問題でもあります。

〈なる〉的表現の多用と共に、〈理由〉を挙げないことは日常の言葉のやりとりでも広く見られます。ある知人は筆者宛私信に次のように書いています。

〔…〕根拠を挙げないという傾向は、日本社会でよく見られるように思います。何らかのルールが出来て、なぜそうなったのかや、なぜ~がダメなのかを尋ねても、「ルールですから」や「規則ですから」と答えられることばかりです。

筆者も同感です。これもまた物事の理について自分の頭で考えようとしていないからでしょう。菅首相などと同じ水準に立たないようにするためには、政治家を非難するばかりではなく、われわれもまた自らの言動を再検討し、日頃から理由を述べ、これを相手にも求める習慣形成が必要です。

5　質問は正面から打ち返す――パンはご飯か、ご飯はパンか

理由を挙げないこと以外にも、今日の政治の場面からは言葉の貧困のさまざまな実例が得られます。その一つが、質問に正面から答えようとせずにはぐらかす「論点ずらし」です。上西充子

によるTwitterへの投稿をきっかけとして、加藤勝信厚生労働大臣（当時）によるこうした不誠実な答弁が〈ご飯論法〉と呼ばれるようになったことは周知のとおりです。働き方改革関連法案をめぐって提出されたデータに多くの誤りがあることが発覚した後にも同大臣は、「5月に約2割のデータを削除した際は、『（削除後も）統計として一定の姿になっている』として撤回しなかった。野党から削除後のデータに誤りがないか聞かれても、『従前より信頼性が高い』という『ずらし答弁』を繰り返し」（朝日、二〇一八年七月二〇日）ました。

菅首相にもまた、論点をずらしたり、質問に真正面から答えずに責任を回避しようとする答弁が目立ちました。

「感染急増の『ステージ3』や、感染爆発の『ステージ4』の時でも五輪はやるのか」。立憲民主党の山井和則氏は首相の認識を表現を変えつつ何度もただした。だが、首相は「選手や大会関係者の感染対策をしっかり講じて、安心のうえ参加できるようにするとともに、国民の命と健康を守っていく」と繰り返した。同じフレーズを語り続ける首相にその場はざわめいたが、首相は説明を変えなかった。

結局、首相は一日を通じて問われた五輪開催の是非には触れず、「国民の命と健康を守っていく」を計17回繰り返した。（朝日、二〇二一年五月一二日）

國分功一郎は菅首相の退陣に際し、〈責任〉という問題をめぐって次のように述べています。

責任には「誰々のせい」という帰責の側面だけでなく、「これに応えよう」という応答の側面がある。つまり責任はたんに負わせたり、負わされたりするものではない。自ら引き受けるものでもある。

ところが今は責任と言えば「誰のせいか」という話にしかならない。ある状況を前にして自ら引き受ける責任という考えは蒸発してしまっている。すぐに「炎上」するSNSのようなメディア環境も無関係ではない。帰責としての責任が強く問われる一方で、応答としての責任を考える時間は与えられない。

「義を見てせざるは勇無きなり」という言葉があるが、応答としての責任を義の精神と言い換えてもいい。この精神を忘れてしまえば、責任はたんにルールに従うこと（コンプライアンス）になってしまうだろう。

自分の言葉で語ることが応答としての責任の大前提である。（朝日、二〇二一年九月一七日）

「応答としての責任」について、これまでに読んだ本の中で忘れられない一節があります。海軍の偵察機の熟練操縦員であった安永弘飛曹長は戦争末期に「午後の指揮所で私に近寄って来た」、「私と二人になる機会を待っていたのであろう」少し年長らしき予備学生出身（第7章8参照）の新米中尉機長から妻への遺品の手渡しを依頼されます（安永、三七一頁）。彼は翌日初出撃する由です。そこで安永は「なぜもっと早く索敵偵察のコツを習いにこなかったのだ」と思う一方、「彼が彼の同期生でなく私を執行人に選んだことに対し、私にはなさねばならぬことがある」と思います（同、三七二頁）。そこで彼はこの中尉機の操縦員と電信員も呼んで飛行法と注意事項を伝授します。それは多くの犠牲を出しているにもかかわらず、訓練の定石、常識通りに飛ぶ日本機を待ち伏せしている米軍戦闘機をかわすために彼が命懸けで身に付けたものです。

また最初の洋上索敵から奇跡的に生還した別の中尉機長には、二度目の出撃前に自分から誘って上の技法を教えます。その理由は「あなたが下士官搭乗員たちを学問をしたことがない部下としてでなく、『俺がもたない戦闘体験』を身につけた敬愛すべき友人、として遇するやり方を私は好きなのです」（同、三八二頁）というものです。これらは「応答としての責任」の見事な実例です。しかし彼らは帰ってきませんでした。この世は不条理です。しかしそうであればこそ筆者が思うのは、定めや形式よりも、実を取るために自ら一歩踏み出すことの重要性です。

「義の精神」は政治家にとって基本的素養のはずです。この点で、自分の言葉で語って責任を引き受けようとしない加藤勝信氏、菅氏などは政治家としての資質が疑われます。しかしこれは政治の世界だけの問題ではありません。理由への問いに〈ルールだから〉で済ませるという事例のように、日々の社会生活の中で「自分の言葉で語る」ことを怠りがちであるのは国民もまた同様です。

6　言い換えは言葉の破壊――昔転進、今反撃

政治家などの言葉の使用には、事態を糊塗して捻じ曲げる〈言い換え〉という問題もあります。これは〈なる〉的表現の多用とも通ずる問題です。安倍晋三内閣が、就労を目的に入国する外国人を移民ではなく「外国人材」、兵器輸出を「防衛装備移転」、カジノ法を「統合型リゾート実施法」と言い換えた（毎日、二〇一八年一一月二八日）ことなどはその一例です。

岸田文雄政権（当時。以下同じ）もまた「相手の領域内を直接攻撃する『敵基地攻撃能力』を『反撃能力』との名称で保有すると明記」（朝日、二〇二二年一二月一七日）しました。しかしもしどこかの国が日本の国土に侵略してきた時に、いわば本土決戦の形で〈反撃〉し、そのための能力を保持することは専守防衛の自衛隊本来の任務です。これに対して今回閣議決定されたのは、この枠を越えて新たに相手の領域内にまで攻撃の手を伸ばす能力を保有することです。そうであればこそ、従来の「反撃能力」との区別という点から「敵基地攻撃能力」という言葉が必要なはずです。

國分は、「記者団の取材を2分で打ち切り、ようやく開いた会見でも十分に応答しない。『説明責任は果たさない』」（朝日、二〇二一年九月一七日）という姿勢を取り続けた菅氏の首相退任にあ

たり、次のようにも述べています。

背景にあるのは「言葉の破壊」ではないか。〔…〕／国民もこの事態に慣れてしまっている。自粛とは自ら進んで慎むこと。ならばそれを「要請する」などと言えないはずだが、「自粛要請」はメディアでも繰返し使われた。〔…〕／我々と世界をつなぎとめているのは言葉である。だから言葉が実際に起こっていることを名指さないようになると、我々は世界とのつながりを失ってしまう。ところが政治家がむしろ、積極的につながりを断っている。（同）

こうした「言葉の破壊」は今に始まった話ではありません。その最たる例が、敗戦をあたかも雨が止んだかのように〈終戦〉と言い換えたことです。

しかし、当然、戦争が自然に「終わった」わけではない。大日本帝国がポツダム宣言を受諾することで、戦争は日本の敗北によって終わった。にもかかわらず、この日（八月一五日原口註）は戦争の「終わった」日として認識されている。ここにすべてがある。純然たる「敗戦」を「終戦」と呼び換えるという欺瞞によって戦後日本のレジームの根本が成り立っていると言っても過言ではない（白井 二〇一三、三七頁）

日本軍や当時のマスコミもまた言い換えを愛用し、退却を〈転進〉と言い換えました。なぜならば、旧軍にとって退却は〈あってはならないこと〉だったからです。また大本営はアッツ島守備隊の全滅を〈玉砕〉と称しました。玉砕の出典は「『北斉書《ほくせいしょ》』元景安《げんけいあん》伝」で、その本来の意味は「『節義を守り、功名を立て、潔く死ぬこと』」であり、「『瓦全』」、すなわち「『なにもしないで徒《いたずら》に生き長らえること』」の対句である由です（藤井 二〇二三、二一九頁）。しかし言葉は世に出ると独り歩きします。その結果〈玉砕〉は一般に「『玉のように美しく砕け散る』の意」（同）として理解されています。しかしそうであればこそ、受け手は言葉とその具体的内容の関係に注意する必要があります。これを怠る時、酸鼻をきわめる戦死の実相も〈玉砕〉や〈散華〉のように美化の道をたどります。次の回想はこのことを物語っています。

> 終戦後すぐ、サイパン島で写したアメリカ軍の戦場写真を見て大ショックを覚えたことがある。「バンザイ突撃」で全滅した何百という戦死体がブルドーザーで山のように積み上げられ、溝に放り込まれていたその情景は、玉砕や散華といった語感の美しさとは正反対のものであった。（寺田、二四七頁）

〈玉砕〉、〈散華〉、今日では〈改革〉、〈外国人技能実習生〉などは抽象的で概括化する言葉です。とりわけこうしたもっともらしく聞こえる言葉の理解には、知識や経験、見聞などを重ね合わせることによって、その具体的中身や実態を想像することが不可欠です。これによって上の「戦死体」という言葉からも、寺田の見た写真でさえ伝えることのできない熱帯の太陽下での屍臭や舞い立つ蝿、虫の大群や非業の死による家族や友人の悲しみ、苦難といったことも読み取れるはずです。読解力にはこうした素養も含まれます。

7　母語の貧困と外国語能力――ヤクザは特殊か

日本では相手の表情や顔色、その場の空気や状況などを読んで察することが当たり前のように行われています。言葉によらないこうした意思疎通は、もとよりどこの人でも行っていることです。しかし自分がその中にいるせいもあってか、日本の場合これへの偏りが目に付きます。給仕などに際しては、相手が希望を言葉に出す前にこれを先回りしてかなえるのがよしとさえされています。指示されずとも〈親分の意を体して〉抗争相手のタマを取りに行くヤクザは決して特殊ではありません。政治家や上司の意を忖度して答弁する官僚など、カタギもまた同様のことをしています。

これに対して筆者が暮らしたことがあるドイツの場合、事情は異なります。そこはいわば「言わなきゃ分からん、の国」（別の知人からの私信）で、言葉を駆使し、理由を挙げて説明し、相手にもこれを求めます。筆者の見るところ、他の西洋諸国や韓国、中国などでもこうした言葉による意思疎通への志向が強いように思います。ドイツが外国人に対するドイツ語教育、特に話すことを重視するのには、こうした社会的背景があるのだと思います。

筆者はドイツで次のような経験をしたことがあります：当時住んでいた学生寮は男女混住でした。ある日の午後、各階にある共用浴室でシャワーを浴びていると、同じ階に住むAさんが、彼氏でもある隣室のB君の名前を廊下で大声で呼んでいるのが聞こえました。そのうち彼女は浴室にやってきて、彼の名を呼ぶやいなや筆者のシャワー区画のカーテンを開けました。彼女は筆者を見てびっくりし、反射的にカーテンを閉めて出てゆきました。

当時は携帯電話などなく、各階の入口にある共用電話機に電話がかかってくると、誰かが出て本人を呼ぶという方法で対応していました。そこできっとB君に電話がかかってきたところ、彼は部屋におらず、彼女はシャワーを浴びているのがB君だと思ってやってきたのだろうとすぐに**察し**ました。浴室を出ると、彼女が待っていて謝罪し、〈あれは意図的にしたことではなく……〉と案の定のことを真剣な表情で理由を挙げ、言葉を尽くして説明しました。もし立場が逆であれば、筆者にこれが求められたところです。日本であれば互いに顔見知りのこともあって、〈さっきはごめん、てっきり彼だと思って〉程度で笑って済ませるところでしょうが。

アルバイトで行った倉庫などでも、一緒に仕事をしたドイツ人はこちらが年若く、仕事が初めてで、外国人であることもあったのでしょうが、作業のしかたなどを懇切丁寧に説明してくれました。日本のアルバイト先では、言葉による説明や指示などあまりなく、大体が〈見て／一緒にやって覚えろ〉方式だったことから、上のような違いが印象に残りました。

日本人が外国語を苦手とする理由として挙げられるものの一つに、〈日本では日本語だけで用が足り、外国語を使う機会や経験が少ない〉というのがあります。原因は複合的であるとしても、これはもっともな意見です。しかしそれでは母語である日本語は十分に使っていると言えるでしょうか。筆者の答は否です。これは〈察し〉の多用や、Aさん以上に真剣かつ実のある言葉が求められる政治家などの粗雑でおざなりな言葉、そしてこれがまかり通る社会に見られるとおりです。

言葉を身に付けるには、実際に使う中で習得するのが一番です。これらのことを考え併せると、日本人が外国語を一般に不得意とするのは、〈はしがき〉にも述べたように、物事を言葉でできる限り伝えようという意志や構えが乏しいからだと思います。その結果自分の考えや意見の形成、伝達にあまり関心がなく、そうした教育も受けてきていないことから、そもそも日頃の日本語による意思疎通自体が貧困であり、これが外国語の使用や習得にも反映しているというのが筆者の見立てです。

8　カタカナ語消費と言葉の生産能力――サポートは助けにならず

内容の正確な伝達という点で、カタカナ語の増殖は憂慮すべき問題です。カタカナ語とは「主として英米語からの借用語で、カタカナ表記して日本語文のなかに混ぜて用いる言葉」（朝日、二〇〇六年四月一九日）のことです。多用の背景にあるのは、時流に適応したしゃれた雰囲気の演出や気取り、賢さの誇示などです。これは目新しい装身具を次々に身に付けるような言語消費に過ぎず、そこには母語を大切にし、育て上げようという姿勢はありません。その背後にあるのが、明治維新による近代化路線の中での〈植民地的文化〉、そしてとりわけ戦後のアメリカへの属国化です（第3章4参照）。加藤周一はカタカナ語について次のように述べています。

カタカナ語はカッコがよいのではない。英語の強制が生みだす挫折のはけ口であり、うらぶれた、悲しい楽園幻想の結果である。国際化、または国際協調の幻想。現実には自国民相互のコミュニケーションの障害、そしてもちろん感性の質の低下……。（同）

加藤の洞察と警告にもかかわらず、海岸や砂浜、海辺も今や〈ビーチ〉に浸食されて消失し、分かち合いや分有も〈シェア〉に独り占めされ、〈取り消し〉は〈キャンセル〉によって取り止められ、尊敬や尊重という立派な日本語は〈リスペクト〉によって敬意を払われず、多数の意味不明のカタカナ語による〈ミスリード〉で文章の内容理解が誤誘導される〈リスク〉の危険性について人々は無関心です。その結果〈前借金〉と聞けば身構えますが、〈ローン〉と言えば警戒は緩みます。しかし利子に苦しめられることはローンでも同じです。そしてとりわけ問題が切実なのが〈ヤングケアラー〉や〈エッセンシャルワーカー〉のようなカタカナ語です。これらは軽く聞こえ、実態の深刻さが伝わらないという点で批判が多いことは周知のとおりです。

外国語の習得や使用は、こうした雰囲気優先のカタカナ語の多用や、〈助ける〉、〈支援〉の〈サポート〉への置き換えによる気分一新効果などではサポートされず、むしろ邪魔になることさえあります。〈助ける〉には〈援助する〉、〈手／力を貸す〉、〈支援する〉、〈助太刀する〉……といった類義語があります。われわれは各語の守備範囲を考慮し、その場の状況や前後関係、使用条件、文体などに応じてこれらを使い分けています。こうした違いを無視して何でも〈サポート〉一語で済ませることは、本章16で述べる〈言葉の画一化〉という問題でもあり、内容の正確な伝達という点で何よりも問題です。

このことは外国語でも同じです、support には help, aid, assist, back up, promote といった類義語があり（『ルミナス和英辞典』の「助ける」の項）、互いの棲み分けがあります。そこで〈サポート〉＝〈support〉だと思って英語の中で support を使うと不適切ということも起きてきます。かくして母語の日本語でさえ類義語の使い分けなどに無頓着な人が、外国語では一転してこれに注意を払い、習得の実を挙げるとは思えません。

本章1に述べたように、言葉は互いに絡み合った巨大な体系です。そこで一語入れ替えるだけでもその影響は他に及びます。こうした意味で、言葉を学ぶとは、語彙や文法などをバラバラに覚えるだけでは済まず、それらの組み合わせ方を習得し、これを発展的に使用する能力を育てることです。そこでは言葉の画一化とは逆に、いろいろな言葉を求め、自前の言葉を組み立てる努力が必要です。これに対してカタカナ語への過度の寄りかかりは、新奇な、しかしすぐに陳腐化する〈言語商品〉の消費に過ぎず、言葉の生産能力の育成を阻害します。

カタカナ語の使用について不可思議なのが、「リユース（再使用）」（朝日、二〇二一年二月九日）や「ハレーション（影響）」（朝日、二〇二三年一月二二日）のように、カタカナ語の後に日本語を付ける表記です。〈再使用〉も〈影響〉もリユースやハレーションよりもはるかに普通に使われる分かりやすい日本語です。なぜこれを使わずに、耳慣れないカタカナ語をわざわざ使って日本語で補足するのか理解できません。同じ朝日新聞の天声人語では、「長らく『敵基地攻撃能力』と言い習わして」きたものを政府が「『反撃能力』」と言い換えたことについて、「思い返せば、政府はたびたびネーミングで矛先をかわそうとしてきた」として批判しています（朝日、二〇二二年一二月一三日）。それにもかかわらず、リユースやハレーションをことさらに使うというのもまた〈ネーミングで目先を変えようとしている〉だけのことではないでしょうか。

日本が明治維新以降急速に近代化できた大きな理由の一つは、西洋文明に関する教育をいち早く日本語で行えるようにしたことです。今でも医学などの教育が自らの言語では行えない国が少なくありません。こうした中でかつての日本が学術用語を日本語化し、これによる教科書や教育体制などを整えたことには先見の明があり、大英断だったと思います。

ちなみに早稲田大学教旨にある「学問の独立」とは、学問の外国語への依存を脱し、日本語で学問を行うことを指しています。小野梓は一八八二年の東京専門学校（早稲田大学の前身）開校に際しての演説で、邦語教育政策こそが東京専門学校が担当すべき課題であるとしています（大日方、四頁）。これによって外国語学習に要する時間と労力の多くを専門分野の勉学に直接振り向けることができるようになりました。また学術用語の日本語化は、専門的知識の普及を容易にし、国民の知力の底上げにも貢献しました。

中国ではコンピュータのことを電脳、ワクチンは疫苗と称する由です。御本家とはいえ、外来語の意味をうまく漢字に反映して造語するものと感心します。これにひきかえ、わが国は近年こうした努力と労を厭い、カタカナ語化で済ませようという安易で怠惰な態度が目立ちます。言葉は使用を通じて習得が進むことを考えれば、これは漢字や造語をはじめとする日本語の重要な学習機会を奪い、能力育成を阻害します。〈ヤングケアラー〉にせよ〈エッセンシャルワーカー〉にせよ、自前の言葉を持たないということは中身もまた借り物だということです。

人間は言葉で認識世界を構築しています。したがって母語を失うことは、その手段を失うことです。これは痒いところに手が届く貴重な道具を失うだけでなく、自分自身を失うことです。かくして言葉の衰退は知の衰退、そしてこれは回り回って国の滅亡にもつながるはずです。

9　ポエムとカタカナ語——カタカナ・英語・やまと言葉に警戒警報

小田嶋隆の言葉に「ポエム」があります。これは「『夢』『勇気』『仲間』『絆』『寄り添う』『イノベーション』——。何かを語っているようで何も語っていない抽象的な言葉」（上田）です。これが「政治やビジネス、ネット、J-POP界隈に蔓延している」（同）ことについて、小田嶋は次のように批判しています。

ただ、J-POPやグラビアの言葉があいまいだったり、焦点を結ばなかったりしても、別に問題はない。私が問題視しているのは、政治家や役人の言葉、官公庁のプレスリリースなど、説明すべき責任のある文章がポエム化していることなのです。本来、情報を運ばなければいけないのに、気分を運んでいる。つまりポエムですよ。（同）

「〔…〕本来は論理的、客観的であるべき報道のことばや、政治や審議会の文章までもが『ポエム』に浸食されかけているのは、筋が悪すぎる」（朝日、二〇一四年一月二六日）

こうした点で安倍元首相による「美しい国、日本」、「地球儀を俯瞰する外交」、「世界の真ん中で輝く日本」なども景気良く、耳に心地良いだけのポエムであり、内容の空疎さという点で〈負の言葉〉（第7章4参照）にほかなりません。さらに東京五輪開催に伴って「復興五輪」、「安心安全」、「絆を取り戻す」などの情緒に訴えるだけで、これまた雲をつかむような言葉が政府から次々に発せられました。小田嶋はこうした官製ポエムについて「『その機能を公共のことばで仕掛けたら、もう「鬼畜米英」の国策標語と大差ないものになってしまう』」（同）と述べています。

かつてはこうした空文虚字や美辞麗句には、その難しさから来る有難みもあって、〈国民精神総動員〉のように漢語がもっぱら使われました。しかし近年は日本人の漢字についての素養の低下によってか、〈アントレプレナーシップ〉、〈インキュベーション〉、〈ゼロエミッション〉といったカタカナ語がよく使われます。これは目新しさや〈おしゃれな〉響きで聞く者の気分に訴える一方、伝達される意味内容はともすれば不明確で、容易にポエム化します。本章14などでも述べるように、近年は物事をはっきり言わず、ぼかした言葉遣いが目に付きます。カタカナ語の愛用にはこうした婉曲的表現手段としての役割も関係していると思います。かつて国民の強い反発で成立しなかった〈国民総背番号制〉は〈マイナンバー〉として実現しました。

本来、役人が書く文章は官僚的だといって嫌われるものです。美辞麗句はあまり使わず、決まり文句が多い。［…］

官僚が官僚的でなくなろうとしたときは、官僚の責任を回避したときや官僚の職分をまっとうしていないときです。だから、官僚がポエムを言い始めたら、何かをごまかそうとし

ていますよ。私は、役所がカタカナ、英語、やまと言葉を使うときは危険だと思っています。（上田）

この引用の第二段落は、官僚のみならず一般人にも他人事ではありません。なぜならば、これらポエムは自ら積極的に案出まではせずとも、無批判に使い回すなど、誰もがこれに加担する可能性があるからです。

10 〈丁寧に〉——丁寧が通って道理が引っ込む

自民党安倍派の組織的な裏金事件をめぐって、同派の下村博文元文部科学相は衆議院政治倫理審査会の田中和徳会長（当時）に申し出書を提出した後に、記者団に「『うそ偽りでなく、**丁寧に**説明をさせていただきたい』」（朝日、二〇二四年三月一三日　太字原口）と述べた由です。「うそ偽りでなく」とくれば、「真実を」と続けそうなものです。それを「丁寧に」とするのは意図的なのか、言葉と論理について鈍感なのか、どちらでしょう。いずれにせよ、昨今目に付く〈丁寧な／に〉の多用の背景には理よりも情緒の優先があるというのが筆者の意見です。

こうした〈丁寧な／に〉については多くの批判があります。その代表が、「安倍晋三前首相以来、頻繁に使われる『丁寧な説明』という言葉は、事実上、『丁寧な言葉遣い』という意味しか持たなくなっている」（朝日、二〇二一年九月二二日）という意見です。浜矩子は「今日の政治家たちは、およそ、真実に言及しない」とした上で、「岸田首相の所信表明の中にも、真実は登場しない。『率直』という言葉も使われていない。『丁寧』はやたらに出てくる。だが、『率直』はない。そうか、率直に語れないから、丁寧に説明しないといけないわけだ」と述べています（浜、一七頁）。

言語学に発話行為理論というのがあります。簡単に言うと、表向きの言葉で何が遂行されるかに関する研究です。一例を挙げると、授業中によくある〈トイレに行ってもいいですか？〉は、疑問文を用いて諾否を尋ねる形式をとっています。しかし事実上そこで行われているのは〈行かせろ〉という〈要求〉です。そこで昔、これが一応〈質問〉であることを逆手にとって、〈ダメ！〉と答えてみたことがあります。しかしというかやはりというか、学生の口から出てきたのは〈センセイ、殺生な！〉という哀訴で、事の性質上これを認めざるを得ませんでした。

このように考えると、〈丁寧に説明を行ってゆきたい〉によって意味されているのは、言葉づらとは裏腹に〈異論に耳を貸す気はない、問答無用！〉という対話や意見変更の拒絶、意志貫徹の決意表明です。「保険証廃止 方針変えず〔…〕河野氏『**丁寧に説明**』」（朝日、二〇二三年七月二七日 太字原口）という見出しはこのことを見事に物語っています。〈無理が通って道理が引っ込む〉という言葉に倣って言えば、これは〈丁寧が通って道理が引っ込む〉にほかなりません。これに対して必要なのは、こうした言説に決して納得せず、何よりも筋が通った率直な説明を求め続けると同時に、各自もまたこれを実践することです。

11 〈しっかり〉――言わずもがなのこと

上にも述べたように、言葉は差異化の上に成り立っています。そこで〈とても〉、〈非常に〉といった副詞も、日頃は使用を控えることによって逆に強調効果が生まれます。こうした点で気になるのが〈しっかり〉の濫発です。

> 首相は〔…〕「性的マイノリティーの方の切実な思いを重く受け止め、法案の取り扱いを自民党としても**しっかり**考えていきたい」と述べた。〔…〕
> 首相は児童手当を「**しっかり**と見直していく」とした上で「〔…〕、**しっかり**整理したうえでお示ししたい」とし、〔…〕。
> （毎日、二〇二三年二月二三日　太字原口）

岸田首相は〈考えていく〉、〈見直していく〉、〈整理する〉だけでは何となく心もとないと感じ、料理での〈追いがつお〉のように、それぞれに〈しっかり〉を加え、もう一押ししたかったのだと思います。しかしこれは逆効果であり、〈口先だけ〉という印象を生みます。何かやましいことがある人ほど、〈嘘は言っていない〉などと強調するものです。

それにもかかわらず〈しっかり〉の濫用は他の政治家などにも広く見られます。したがってこれは岸田首相の個人的な口癖ではなく、言葉についての関心が薄く、これを〈しっかり〉使おうという気構えに乏しいことを物語っています。

しかしそれ以上に問題であるのは、法案などについて〈しっかり〉考え、見直し、整理するのは政治家として当然だということです。それにもかかわらず、〈しっかり〉という言わずもがなの情態副詞を付すのは、実行自体よりもそれにあたる自らの姿を情緒的に印象付け、事態を糊塗しようとしてのことではないかという疑念を生みます。

12　〈スピード感〉――速くなければこそのスピード感

近年政治家などの口から〈スピード感をもって〉などという物云いをよく聞きます。持続化給付金に関する安倍首相の次の発言もその一例です。

「大切なことは、今必要としている方々に**スピード感**をもってお届けをしていくことだ」。12日の予算成立後、安倍晋三首相は記者団にそう強調した。しかし、持続化給付金では、5月１日の申請開始直後に申し込んだが、いまだに給付されていない人もいる。

（朝日、二〇二〇年六月一三日　太字原口）

言うまでもありませんが、〈スピード感〉というのは、実際は速くなくとも、速いかのように感じられることです。そこで〈スピード感をもって届ける〉とは、〈実際には速くはないが、あたかも速いかのように届ける〉ことを意味します。そこで「いまだに給付されていない人もいる」というのは当然の帰結です。これは政治家にとって言葉遣いの致命的な誤りのはずです。それにもかかわらず〈スピード感〉が多用されるのはなぜでしょうか。高橋は「スピーディーにやる／やらないのどちらか。なのに『感』をまとわせれば、『果実』の問題――実行、実質、成果、結果――をうやむやにすることができる」（朝日、二〇二三年九月二三日）としています。

政治家がこうした責任逃れに走るのはよくあることです。しかし事実の報道を旨とする新聞記事にも〈スピード感〉が散見されるのは理解に苦しみます。

台湾は「中国の干渉」（蔡総統）などでワクチン確保が遅れ、接種率は1割強にとどまる。それでも感染を抑え込めているのは、蔡政権の**スピード感**ある予防策が効いたためだ。

（朝日、二〇二一年七月一一日　太字原口）

しかし単なるスピード感では感染は抑え込めないはずで、これは素早い予防策を実際に行ったからこその成果です。その証拠に上の引用箇所の後に「新規の域内感染者が1日100人を超えた5月15日、対策本部が**すかさず動いた**」（同、太字原口）とあり、種々の具体的対策が挙げられています。小田嶋は人々が言葉に対して「寛容というより雑になった」（朝日、二〇二〇年九月二六日）と指摘しています。

古田徹也は、上の高橋と同様の趣旨から〈〇〇感〉を批判する（朝日、二〇二〇年一一月一二日）一方、「抜け感」、「温度感」「規模感」を例に、そこには「独特の面白い側面も見て取れる」（朝日、二〇二〇年一一月二六日）ともした上で、次のように述べています。

「〇〇感」とは、いわく言いがたい感覚やセンスを表す言葉であり、そして、そうであるがゆえに、事柄を不明瞭にし、問題を誤魔化《ごまか》すためにも利用される。言葉が悪いのではない。自分の言葉に責任を負わず、曖昧な言葉の陰に隠れることが問題なのだ。（同）

言葉は思考の反映でもあることを考えれば、これはまさに「言葉が悪いのではな」く、使い手が自覚的に、責任をもって自分の言葉で伝えようとしないことによるものです。〈丁寧に〉などと同様、多くの批判にもかかわらず〈スピード感〉を使い続けることは、理に基づいて言葉を真正面から使うことを避け、これを情緒化してごまかそうとするものです。そこにはポエムとも通底するものがあります。高橋の次の批判に筆者も同感です。

「やってる感の政治」と喝破された安倍政権以降、政府は「〇〇感」の演出に躍起だ。だからこそ、メディアはより愚直に「果実」にこだわるべきで、安易に「感」を付して物事をフワフワさせてしまうことの危うさをしかと自覚しなければならないと、自戒を込めて思う。（朝日、二〇二三年九月二三日）

ちなみに二〇二三年九月の内閣改造に際してよく用いられた「刷新感」の朝日新聞での用例を高橋が調べたところでは七四件あり、約九割が政治関係で、初出は二〇一六年の由です(同)。

13 〈見直し〉――要見直し！

〈見直す〉という言葉の使用法にも筆者は〈見直し〉と、場合によっては変更が必要だと思います。これは本来〈あらためて目を通す〉〈点検する〉といった意味で、〈書類を見直し、問題がなかった／あったので、そのまま／手直しして提出した〉のように使います。しかしこれを〈変更する〉の代わりに使う場合がよく見られます。

安倍晋三元首相の死去に伴う衆院山口4区補選をめぐり、岸田文雄首相が5日、山口県下関市を訪れ、安倍氏後援会が推す前下関市議、吉田真次氏(38)を激励した。選挙区の区割り**見直し**をにらみ、安倍氏系と林芳正外相系が牽制《けんせい》し合うなか、首相の下関入りに地元関係者は神経をとがらせた。当初計画された首相の安倍家墓参りも物議を醸し、実現しなかった。／〔…〕

安倍氏系が警戒心を抱く背景には、選挙区の「10増10減」に伴う区割り**見直し**がある。山口は選挙区が4から3に減る。

(朝日、二〇二三年三月七日　太字原口)

衆議院の小選挙区の区割りは人口を勘案して見直しを行った結果、〈一〇増一〇減〉によって変更することがすでに決まっています。そうであればこそ、この記事にあるような問題が起こるわけです。これはまた本章16で述べる言葉の画一化という問題でもあります。したがって上の記事では、本来の〈見直し〉と区別し、〈変更〉、〈改変〉、〈手直し〉などを用いたほうが簡潔明瞭かつ互いの差異化による厳密化も図れるでしょう。なぜこれらではなく、〈見直し〉を多用するのでしょうか。その背後にもまた次節で取り上げるような〈はっきりと言うこと〉への何らかのためらいがあり、無意識にこれを避けているのではないかというのが筆者の見立てです。

直截性を避けたはっきりしない表現が目に付くのは日本語の特性だとよく説明されます。しかし日本語は、それ自体が宙に浮かんで存在しているわけではなく、使い手によって成り立っていることを考えれば、これもその心性の反映にほかなりません。そうであればこそ、言葉遣いを〈見直し〉て、意識的に改めることは、思考とそれに基づく行動によって社会を変えることにもつながります。

14　婉曲的表現
――〈リーズナブル〉にもやもやする気持ちをにじませるのは許されるものではない

これは事態や自らの見解を明確・鮮明にしないという点で、言い換えやカタカナ語、○○感なども通底する問題です。しかし直截的か婉曲的かの判断には個人の語感も影響し、両者の明確な区別は原理的に不可能です。そこでここでは、それほど目にする機会が多くはないものの、何やら腰が引けて明確を欠くという点で問題だと思う表現をいくつか挙げることにします。

お手頃、リーズナブル

正確なところはコンピュータ言語学によって調べてみなければ分かりませんが、〈安い〉や〈安価〉に代わって、これらの語の使用が目につきます。

「いきなり！」は、2013年の1号店オープン以来、良質なステーキを**リーズナブル**に食べられる店として爆発的な人気を得た。（朝日、二〇二二年八月二五日　太字原口）

新明解国語辞典を見ると、〈手頃〉は「その人の力量や望んでいる条件の程度に適する様子だ」と説明されています。リーズナブルの元の reasonable もまた〈高くない〉、〈ほどよい〉を意味します（ルミナス英和辞典）。そこでこれらの語、特にリーズナブルが好まれるのは、カタカナ語であることもあって〈安〉の直截性を和らげ、〈低価値〉という否定的な含みを回避するためではないかと思います。またこれによってこれらの語は〈お買い得〉のように〈安価〉と〈高価〉の間を埋める機能も果たしていると言えるでしょう。

しかし上の用例の場合、同店が「爆発的な人気を得た」のは、良質であれば高価だったものを安くしたからです。筆者であれば、婉曲による上のような〈お上品ぶりっこ〉よりもこの対比と簡潔性を優先し、はっきりと〈安く食べられる店〉と書きます。

もやもやする

次の記事は、とかく不明朗な敷金精算に対する自衛策を紹介するものです。

敷金精算で**もやもやする**のは、入居者には見えないブラックボックス部分が多いことだ。修復箇所や工事単価など、業者側の請求内容を信じざるをえない。引っ越しは見積もりを複数とって金額やサービスを比べられるが、退去立ち会いは業者が指定されている。

（朝日、二〇二三年二月一三日　太字原口）

この記事は問題提起です。それにもかかわらず、なぜ〈不満を抱くのは〉、〈納得できない〉、〈容認できない〉といった明確な表現をせずに、〈もやもやする〉などといった曖昧な表現を用いるのでしょうか。これは〈角をたてない〉ことを良しとする日本人の行動規範によるのかもしれません。しかしこれでは疑問や不満は内攻するばかりで、問題の解決に向けて不十分です。

にじませる

〈にじませる〉にも〈もやもや〉します。次の記事は茨城県の養鶏場での鳥インフルエンザ発生に関連するものです。

県養鶏協会の役員は「（鳥インフルエンザへの感染は）財産がなくなるということなので、もちろん不安だ。家畜保健衛生所の指導に従い、精いっぱい防疫対策をするほかない」と危機感を**にじませる**。

（朝日、二〇二二年一一月五日　太字原口）

同記事によれば、県は四日から一〇四万羽の殺処分を開始した由です。筆者がこの役員に取材したわけではないので、何とも言えません。しかし役員はこうした事態を背景に「財産がなくなるということなので、もちろん不安だ」と語っています。また「するほかない」という言葉からも分かるように、それ以外に有効な対策も見当たらないようです。そして役職上、役員は防疫対策などに責任を負う立場にあることを考えれば危機感、焦燥感は人一倍強いと思います。

これらのことを考えれば、「危機感をにじませる」、すなわちこうした感情を〈（相手が気付くように）染み出るようにする〉というのは場違いに奥ゆかしく、少し悠長に過ぎるのではないでしょうか。これもまた池上の指摘する「当事者の意図という意味合いを抑えようとする」日本語の特性によるものかとも考えられます。しかし新聞の報道記事にとって重要なのは簡潔明瞭で乾いた文章です。筆者であれば、〈危機感を抱く／募らせる／語る〉などと書くでしょう。

他の記事を見ても、外国人の来日公演を手配する団体の事務局長は、円の急落がその足を引っ張ることについて「失望をにじませ」（朝日、二〇二二年一一月一三日）、重症患者の転院要請を断らざるを得なかった大学病院の救急科長は「悔しさをにじませ」（朝日、二〇二三年一月二五日）、ある市職員はCOVID-19への対応で市町村の権限が限られていたことに対して「不満をにじませる」（朝日、二〇二三年三月四日）そうです。

もし彼らが失望や悔しさ、不満を正面からはっきりとではなく、〈染み出るようにする〉形でしか表明しない／できないのだとすれば、それはなぜでしょう。

許されるものではない

次の例は、ジャニーズ事務所における性加害問題について「大手メディアが早い段階から十分に報じなかったことには、批判の声が強い」ことを受けて、これを「メディア側がどう受け止めているのか」に関する朝日新聞の問い合わせに対するＮＨＫからの回答の由です（朝日、二〇二三年六月二九日）。

ＮＨＫは「指摘については、真摯に受け止めています。性暴力について『決して**許されるものではない**』という毅然《きぜん》とした態度でこれまでも臨んできて、その姿勢にいささかの変更もありません」と回答した。（同、太字原口）

この表現は婉曲的どころか、むしろ決然たる意志表明と一般に受け取られるのではないかと思います。しかし〈許さない〉と比べてどうでしょうか。筆者の語感と理解では、〈許さない〉は性暴力に対する話し手／書き手（この場合ＮＨＫ）自身による〈許さない〉という判断と態度の直球的表明です。それに対して、〈許されるものではない〉がどこか評論家風なのは、〈性暴力の属性〉すなわち〈許されない性質のものである〉といった性暴力に関する説明だからです。しかし肝心なのは〈だからどうなのだ〉ということであり、話し手の判断と態度の表明が欠落しています。〈毅然とした態度で臨んできた〉のならば、これと整合するのは〈許さない〉だと思います。

15　誇大な表現――疾走する路面電車に感動して号泣させていただく

前節のような何やら後ろ向きで明確を欠く表現とは反対に、誇大で過剰な表現も問題です。これは言葉の誤用を誘発することもあります。

疾走

かつての大阪の路面電車に関する記事の見出しに「57年前『夏の大阪』を疾走する路面電車」（AERA dot.、太字原口）とあります。新明解国語辞典には〈疾走〉とは「〔人・車、また獣などが〕ものすごいスピードで走ること」とあります。昔の大阪の路面電車は人や車が行き交う道路上を高速で突っ走っていたのでしょうか。自分の目で見たわけではないので何とも言えませんが、路面電車は通常疾走などしません。重量がある割に、ゆっくりゴトゴトと走るからこそ安全な乗り物なのです。この見出しは脚色が過ぎて正確を欠くと思います。

感動

〈感動〉は安売り状態にあります。感動などということはそう滅多にあるものではありません。一生に数回あるかどうかです。逆にそうであればこその感動です。ちなみに〈がんばる〉も同じです。普段からそんなにがんばってばかりでは身が持ちません。しかしおそらく誰の一生にも、全力を挙げて臨まなければならない大事な局面が何回かあると思います。〈感動〉も〈がんばる〉もこうした時のために大切にとっておきましょう。

ちなみに他者の言動などから〈感動/勇気をもらう〉という物云いを時々耳にします。しかしこれらは何らかの契機を主体的に受け止め、自ら宿し、生み出すものであり、箱詰め商品のように手軽に授受し、消費できる性格のものではないでしょう。

号泣

〈号泣〉という言葉も最近よく見かけます。これは大人が「大声をあげて泣くこと」（広辞苑）です。これは日本ではそれほど目にすることではないでしょう。それとも感情をあまり表面に出さないと言われる日本人も、最近は変わったのでしょうか。あるいはここでも大人が子供化しているのでしょうか。しかし次の場合は、「ドロドロ」で、「目から涙が出ている」にせよ〈泣く〉、〈涙を流す〉あたりが妥当でしょう。

サザンの登場で変わったことがもう一つあります。桑田さんの歌詞は「センチメンタリズム」なんです。

それまでの日本の歌謡曲は「メランコリー」。男や女が振られて、酒を飲む。それで、みんな**号泣**する。ドロドロなんですよ。そこでは目から涙が出ていることが明らかです。

でもサザン以降、現在まで続くJポップの歌詞の世界ってもう少しカラッとしている。「陽《ゆう》に別れを告げて〜メリーゴーランド」はセンチメンタリズムの極みです。心の目から涙が出ている気がします。

（朝日、二〇二三年一月一一日　太字原口）

失恋した男女が酒を飲んでワーワー、オイオイと大声をあげて泣くというのは何やらマンガのようです。密かに涙を流せばこそ〈それまでの日本の歌謡曲のメランコリー〉の世界なのです。

させていただく

近年批判が多く、本も出版されている〈～させていただく〉は前節の婉曲的表現であると同時に、バカ丁寧さという点で過剰表現の一種とも言えます。その背景にあるのも、「過剰配慮国家」（東京、二〇二四年四月二〇日）日本であり、人々が言いたいことをはっきりさせ、内容を簡潔かつ的確に伝えるよりも、〈粗相のないように〉言葉の形式の模倣や競争に走ることです。

味覚は通常の食事によって決まります。日常的に塩分が多く、味付けの濃い食事をしていると、しだいにこれでは満足できなくなり、さらに塩辛く濃厚な味を求めるようになります。差異化の原理という点で言葉も同様です。〈疾走〉や〈号泣〉もまた、ただ〈走る〉、〈泣く〉では平凡でもの足りないということで、〈しっかり〉の付加と同様に、印象を強めようとしてのことかと思います。

こうした中で言葉の〈丁寧さのインフレ〉もまたさらに〈丁寧さ〉の追求を昂進させ、ついには選挙の立候補者による「『皆様にワタクシの政策を**お訴えさせていただきたく**……』」（野口恵子、二頁　太字原口）、「停止信号のため**停車させていただいております**」（列車の車内放送）などといった奇怪な物云いさえ生んでいます。筆者は後者を聞くと、〈無視して走れと乗客が要求したら走るのか？！〉と尋ねたくなります。こうしたバカ丁寧な言葉遣いで連想するのは、チャップリンの映画『独裁者』の中で、ヒトラーとムッソリーニを模した人物が椅子の高さを競い合う子供じみた姿です。言葉遣いについても約分やデノミが必要です。

客寄せを至上とするインターネットでは、思わせぶりだったり、おもしろく脚色された見出しなどをよく目にします。しかし人目を引く刺激の強い言葉は、明確で伝達力が強いそれとは異なります。内容を正確かつ的確に相手に伝えるために必要なのは後者です。前者はその騒々しさによってむしろこれを阻害する場合さえあります。これも過剰の中の貧困、肥満した言葉の陰の栄養失調です。言葉の使用、とりわけ意見を述べたりするなどに際して何より重要なのは、過剰に婉曲的だったり大仰な表現などは避け、相手がなるべく容易かつ正確に内容が把握できるような簡潔な表現を心がけることです。そしてこれこそが形式上の〈丁寧さ〉などよりも、相手に対する実のある心遣いです。

ちなみに丁寧さを求めての婉曲的な表現が伝達内容の肝心な点を損なう場合もあります。その一例が、病院での検査終了後などの〈今日はお酒や○○は**お控えください**〉です。しかしこれでは〈減らせ〉なのか〈やめろ〉なのかが曖昧です。後者の場合は〈丁寧さ〉よりも明確を優先して〈おやめください〉、〈禁止です〉とはっきり言えばよいと思います。その方が患者を「患者さま」と呼べという厚生労働省からのお達し（内田、七七頁）などよりもよほど親切であり、〈患者さまファースト〉というものでしょう。

16 〈きびしい〉――きびしいばかりでは前途はキビシイ

〈はしがき〉にも述べたように、近年同じ言葉や表現ばかりが金太郎飴のように使われる現象が気になります。その一つに〈ご確認ください〉があります。E-Mail などによくある〈添付資料をご確認ください〉の場合、この指示が伝えたいのは〈読め〉ということです。しかし筆者には〈添付の有無を確かめよ〉という風に読めます。なぜならば〈確認〉とは部品がすべて揃っているかどうかなど、「確かにそうであることを認めること」（新明解国語辞典）だからです。したがって前後関係などから見当がつくとはいえ、これは〈ご覧／お読みください〉など、書き手はその場に即してより具体的かつ明確に表現すべきでしょう。

〈きびしい〉もまた、〈難しい〉、〈苦しい〉、〈大変である〉、〈予断を許さない〉、〈先行きが懸念される〉などを置き換える形で多用されているのが目に付きます。二〇二四年一月の岸田首相の施政方針演説では「厳しい」が一万一八〇九文字中に六回使われています。とりわけ1．―3．は能登半島地震に関する冒頭の比較的短い部分に連続して出現します。

1．〔…〕被害に見舞われ、**厳しい**生活を送っておられる被災者の方々に、〔…〕

2. 今回の震災では、**厳しい**状況が幾重にも重なりました。

3. こうした**厳しい**状況の中でも、なによりも素晴らしいのは、〔…〕

4. さらに、価格転嫁が**厳しい**トラックドライバーの大幅な賃上げに向け、〔…〕

5. 日ロ関係は**厳しい**状況にありますが、〔…〕

6. 我が国が戦後最も**厳しい**安全保障環境のただ中にあることを踏まえ、〔…〕

（朝日、二〇二四年一月三一日　太字原口）

日本語では、同語の反復はドイツ語や英語などの場合ほど忌避されません。しかしみなさんがこの演説の執筆者ならどのように表現するでしょうか。いろいろな可能性があると思います。試しに〈厳しい〉はすべて変えるとするならば、次のような置き換えが考えられます：1．辛く苦しい、2．不運な、3．困難な、4．難しい、5．容易ならざる、6．深刻な。しかし実際にはそこまでする必要もなく、1．—3．と5．—6．で〈厳しい〉の使用はそれぞれ一回とし、4．も〈厳しい〉以外を使うだけでもかなり変わると思います。

言葉と思考は相互作用の関係にあり、共に手を携えて進みます。そこで多様な言葉を使い分けることは、外見上の変化のみならず、論理とこれに基づく物事の組み立てにも影響し、考えるところをより的確に表現すること、すなわち思考を練ってより豊かな内容を生み出すことにもつながります。これは目先を変えるためのカタカナ語消費などと一見似ていながら、その対極にあるものです。こうした点について、古田は次のように述べています。

「なにも、気の利いた目新しい言葉をいつも使うということではありませんよ。出てきた言葉自体がありきたりなものであっても全く構わない。その時まだ自分の中でもはっきりしていないもやもやをかたちにしたいと粘り、紡がれた言葉であれば十分『生きた言葉』になりうる。〔…〕」。

「言葉が平板化すれば世界が平板化する。常套句の氾濫《はんらん》は、多くの人が抱いているであろう閉塞《へいそく》感の大きな源泉です。だからこそ、言葉の豊かな可能性を信頼し、しっくりくる言葉を探し当てようともがき、待ち続けなければなりません。〔…〕」

（朝日、二〇一八年一〇月二六日）

したがってカタカナ語や〈もやもや〉、〈きびしい〉なども一律に不可というものではありません。これらもまた適材適所の使用によってその価値を発揮します。宮大工の西岡常一は、木には生育環境による癖があることから、堂塔の木組みに当たっては「その癖を上手に組めということっちゃ。右ねじれと左ねじれを組み合わせれば、部材同士が組み合わさって、動かんわけでしょ。右ねじれと右ねじれを組んだら、ぎゅーっと塔が、回っていくっちゅうことや」（西岡、二二九頁）と述べています。これと同様に、要は個々の言葉に敬意をもって接し、内容の伝達にとって最も実のある言葉を自分の頭で考えて使うことです。言葉は〈現実〉を反映すると同時に、〈する〉と〈なる〉の使い分けにも見られるように、人間は言葉で世界を切り分け、〈現実〉を作りだします。何でも〈きびしい〉一語で済ませるような姿勢は、言葉の問題であると同時に、世界と生き方の画一化、粗雑化という問題でもあります。〈文は人なり〉です。

17　対応策

自分の意見を誰かに話したり、書いたりしているうちに新たな考えを思いついたり、自分の言いたいことがまとまったりする経験をすることがあります。これは話したり、書いたりすることが、すでに〈知っていること〉や〈分かっていること〉をただ音声化／文字化するだけのことではないからです。これは〈既知〉事項の再検討や思考の活性化など、それ以上のものでもあります。したがってこのことはまた逆に、適切に話し、書けるようになるためには〈マニュアル〉化された言語技術を習得しさえすればよいというものではないことを物語っています。

話し言葉・書き言葉・打ち言葉

話すのと書くのとではどちらが楽でしょうか。一般に話す方が楽だという方が多いかと思います。これは話す場合には〈知っているつもり、分かっているつもり〉でもさほど問題がないのに対して、書くに際してはそれでは済まないからです。これには話し言葉と書き言葉の特性の違いがかかわっています。

対話は通常話し手と聞き手が対面して行われます。そこで話すに際してわれわれは、両者が共有している情報やその場の状況、相手の表情、身振り、手振りといった狭義の言葉以外の要素もまた無意識の裡に多く利用しています。そこで話し言葉では、省略が多く、話の途中で話題が横すべりして文がねじれたり、完結しなかったり、あるいは全体を構成する各部分の関係に不整合や矛盾などがよくあります。それでもこうした〈問題点〉にそれと気付くこともあまりなく、気にもなりません。これは上のような非言語的要素によって言葉の〈不備〉がかなり埋め合わされ、聞き手もまた話し手が言いたいことを推測などして協力に努めるからです。外国語で話す場合、単語の羅列やカタコトでも結構話が通ずるのはそのおかげです。ただしその弱点は、抽象的な問題などについて深く、厳密な話は一般に困難なことです。

これに対して書き言葉の場合、言語外の情報の利用が大きく制約されることから、内容の伝達や理解は言葉自体に大きく依存します。また書かれたものは、前から後ろへのみならず、後ろから前にさかのぼって読まれたり、いくつかの箇所が見比べられたりもします。そこで書くに際しては、語と語、文と文、段落と段落、さまざまな事実関係や意見、根拠といった各部分が整合しているかどうか、ある前提から当該の結論を引き出すことが妥当か否かなどについても配慮が求められます。書くことが一般に面倒かつ難しいのは、話し言葉では見過ごされてきたこれらの問題点について、一つひとつ考えをめぐらせて克服してゆかなければならないからです。その結果、書くに際しては、話す場合以上に論理関係をはじめとして語彙や表現の選択、文法や文構造、段落の構成などについてより厳密な〈詰め〉が求められます。そうであればこそ、適切な書き言葉の能力は公的、社会的言説にとって不可欠の素養です。

こうした両者に加えて、近年は電子メールやＳＮＳなどの普及に伴う新しい言語態として、打って書かれる文章を〈打ち言葉〉とする場合もあるようです（今野、一〇四―一〇五頁）。その特徴は話し言葉的色彩が強いことで、書き言葉は特にその「構造」という点で話し言葉側にひっぱられています（同、一〇六頁）。こうした点で、筋道だった思考や論理展開が求められる公的、社会的言説にとって、打ち言葉には注意が必要です。

新聞や本を読むことの効用

読むということは、読み手にとって、書かれている内容が自然に流れ込んでくるような受け身の営みではありません。これは野球での捕球が、球が向こうからミットに飛び込んできてくれるのではなく、受け手に捕ろうという意志や動作があって初めてできるのと同じです。読むにあたってもわれわれは書き手から投じられた文字を拾って語を認識し、文法や推測によってこれらをつなげて文を作り、テクスト全体を組み立て、内容を解釈するということを無意識の裡に行っています。したがって読むことは書き手やテクストという相手と取り組んで行う能動的、生産的な意味構成作業です（原口 二〇二〇、一四頁）。こうした点で読むことは書くことであり、読み手も共著者のようなものだと言えます（同、一六―一八頁）。そうであればこそテレビや動画などを眺めるよりも大変なのです（第2章3参照）。しかしそこで知力が鍛えられます。

言語の習得は究極的には模倣です。日本語に囲まれて育つ幼児が日本語を、トルコ語ではトルコ語を話すのは、聞いたものをお手本にして発話するからです。そこで母語で適切に話したり、書いたりしようとする場合もまた、良い話し言葉を聞いたり、新聞や本をたくさん読むことを通じてまずお手本を仕込む必要があります。そのためには特に学術書や論文といった「ハードな書きことば」やそれに準じた新書や選書などを読むのがよいでしょう（今野、一七三―一七六頁）。またこれらによる知識の拡大や深化も言葉を支えます。ちなみに日本では昔から芸事などで〈型〉の習得が重視されています。しかしそれは、〈守破離〉という言葉もあるように、自分の努力でいずれこれを破り、離れてゆくことを前提としてのことです。したがってこれを行わなければ、それは単なる形式の模倣に堕します。これは言葉の使用についても同様です。

言葉の受信と蓄積のためには、インターネットのサイトなどを読んでもよいように思うかもしれません。しかしこれらと新聞や本などでは、お手本としての価値や信頼性に大きな隔たりがあります。新聞や雑誌、書籍などでは著者による推敲はもちろん、編集者なども原稿に目を通し、手直しなどを行っています。そこには社会的責任の自覚もあります。これに対して私語もどきのブログなどの場合、一般に他者の目を経ておらず、いわば書きっぱなしが多いと思います。さらに上にも述べたように、人目を引く大げさな見出しに対して内容貧弱な記事、誠実で的確であるよりも刺激優先の語や表現の使用、話し言葉的な文体なども少なくありません。

こうしてインターネットなどばかり読むということは、問題のある言葉をお手本として取り込むということです。そしてこうした人が今度はインターネットなどに文章を書き散らします。かくして問題のある言葉が感染を広げるのは当然の成り行きです。必要なのは、寺山修司の一世を風靡した『書を捨てよ、町へ出よう』という書名をもじって言うならば、〈スマホを捨てよ、書店／図書館へ出よう〉です。

書くことの効用

上に述べたように、書くに際しては話す場合よりも言葉の使用に厳密性や整合性が求められます。これに応えるには努力が要ります。しかしその効用は、漠然と頭の中にあることや、大雑把なままに理解し、話していることが検証、濾過され、誤解や曖昧な点、論理関係の矛盾などが炙り出されることです。したがって書くことは、物事の理解や思考を促進します。少し誇張して言えば、書くことによってわれわれは初めて対象を認識し、理解できるとも言えるでしょう。
内容についてよく知っていることは一般に読みやすく、言いたいことがはっきりしている場合は話しやすいのと同様に、中身が十分に把握できていることは書きやすく、そうでない場合は苦労するものです。このこともまた、言葉の使用は内容の理解や思考と深く結びついていることを示しています。かくして理解が不十分だったり、矛盾を含んだ内容などを言葉だけでうまく切り抜けようとすると、ポエムや形容詞・副詞の多用などといったごまかしを生みます。

そこで近年流行の〈プレゼン〉や〈分かりやすい説明〉などについても、まずは書いてみるとよいでしょう。それが困難だったり、読み直してヘンだと思う時には、言葉の工夫と同時に、再度内容の理解と整理を試みてください。その上で再び書き、また考えて手直しし……の相互作用の中で内容理解と言葉の質が高まります。これは話すことによってもできないわけではありません。しかし話し言葉と書き言葉の違いを考えると、やはり書いた方がよいでしょう。筆者も一度活字にしたことがある内容は、比較的整理された形で話せるように思います。なおレポート・論文などでの文体や言葉遣いの実際について関心のある方は、〈原口　二〇一一〉をご覧ください。

とはいえ明確かつ分かりやすく書くのは楽ではありません。しかし読むことと同様にこれもまた頭を鍛えます。負荷をかけて行う筋トレと同じです。和菓子の良質の餡は時間をかけて練り上げて滑らかに仕上げます。文章も同じです。大学生であれば少なくともレポートや卒論、ゼミでの報告、社会人であれば仕事上重要な文書や説明などはよく練る必要があります。モノとしての文書は消えても、練った経験と技は自分に残り、次第に他に及びます。急がば回れです。

特技としての日本語能力

社内の言語を英語にしている日本企業があります。社内や外国向けにはそれでもよいのかもしれません。しかし日本で活動する以上、一般の日本の顧客や取引先などへの広報や連絡、サービスなどに使われるのは今後も日本語のはずです。これらの企業は、かつて英語の通訳や翻訳者を雇ったように、今度は日本語の専門家を特別に雇うつもりなのでしょうか。

言葉の習得や運用能力は〈血〉や国籍とは無関係です。したがって日本人だから自動的に日本語ができるというものではありません。とりわけ書き言葉や改まった話し言葉を身に付けるためには外国語に準じた習得の努力が不可欠です。大学のレポートでおかしな日本語を書いても成績評価が下がるか、再履修とされるだけで済むでしょう。しかし社会人の場合、これは信用にかかわる大きな問題であり、自らの評価の失墜を招きかねません。こうした中で、上にその一端を見てきたような肥満体の陰での貧困かつ粗雑な言葉の氾濫を考えると、日本語を母語とする人の中でも、これが適切に話せる、書けることは外国語ができるのと同等の立派な特技です。そしてこれは良き思考の土台であり、他言語の習得や使用にとっても大きな助けとなります。

第2章　ウォークマンからスマホへ

本章からは言葉の貧困を取り巻くさまざまな問題について、過去にもさかのぼって見てゆくことにします。まず本章では一九六〇年代末からの大学紛争を境として起きた社会と人々の意識の変化を取り上げます。

1　政治・社会についての関心の低下

日本の戦後は芋のつるでも何でも食べて生き延びるという最低限の生活から始まりました。その後朝鮮戦争特需によって息を吹き返した日本の経済は一九五〇年代半ば頃から一九七三年頃まで高度成長を続けます。その中でまず白黒テレビ・電気冷蔵庫・洗濯機の〈三種の神器〉が、続いて一九六〇年代半ば頃からはカラーテレビ・クーラー・自家用車（カー）が〈3C〉として爆発的に売れ、広く普及しました。テレビは情報機器という点で性格が異なるとしても、これらは電気掃除機なども含めて、その実用価値の高さから生活必需品的な〈モノ商品〉と言えます。

しかし高度成長はその代償として、社会に公害などの深刻な歪みや問題を生みました。こうしたところに一九六八年のソルボンヌ大学に端を発した学生・市民の運動が日本にも飛び火します。これにベトナム反戦や一九七〇年の安保改定問題なども加わって、大学紛争は社会も巻き込み、巨大な異議申し立ての様相を呈します。これは他の西側諸国も同様で、その後の環境保全やフェミニズムなどの運動につながってゆきます。第1章7で言及したドイツの学生寮も、建物によって男女を分けていたのが、大学紛争を契機として混住に変更されたと聞きました。しかし日本では、学生運動への一般学生や社会の共感は、セクト間の内ゲバや一九七一年から七二年にかけての連合赤軍事件、早大の川口大三郎君に対する革マルによるリンチ殺人事件などで急激に冷めます。こうした不幸な形での学生運動の終焉と入れ替わりに生じたのが社会への無関心や享楽の追求です。そしてこれは良くも悪くも個人よりも社会や公共性などを上位に置くそれまでの〈まじめ主義〉の終焉でもありました。

2　モノ商品からコト商品へ

一九七三年の第一次オイルショックで行き足はやや鈍るものの、その後も日本の経済は成長を続けます。こうした中で〈私的世界への引きこもり〉と歩調を合わせるかのように、とりわけ若者を対象として新しい機器などが次々に発売されます。まずカセットテープの再生専用機「ウォークマン」です。これは小型・軽量で、ベルトに付けたり、ハンドバッグに入れて持ち運びでき、列車内や歩きながらでも音楽などが聞けるようになりました。次に家庭用のビデオ再生機です。これによって映画などが自宅でいつでも見られるようになりました。さらには国鉄の

「ディスカバー・ジャパン」などが多くの若者を国内旅行に誘い出し、外国旅行も特別なものではなくなってゆきます。またコンビニやファストフード店、ファミリーレストランが広がり始めたのも一九七〇年代で、一九八三年には東京ディズニーランドが開園します。

〈三種の神器〉や〈3C〉のような使用価値の高い機器に対して、天野祐吉はこれらの「無形商品、形のない商品、主に情報型の商品」を「コト商品」と呼んでいます（天野 二〇一三、九六頁）。その背景には洗濯機などの実用品が国民にひとわたり行き渡ったことから、人々の関心が遊びや楽しみに移ってきたことがある（同）と言えるでしょう。こうしたコト商品の特徴は、天野が挙げる点に加えて、時間や場所の制約なく欲望が満たせることにあります。ウォークマンのようなヘッドフォンステレオやビデオ再生機が売っているのは再生機能というよりも、いつでもどこでも聞ける、見られるというコトです。ファストフードの〈売り〉はまさに〈ファスト〉というコトであり、コンビニもまたいつでも、どこでもすぐに買えるという convenience を売っているわけです。コンビニでは客を待たせてはならない、それはコンビニが売っているのは、品物よりも〈待たずに買える〉という利便性だからであるというコンビニの論理をどこかで読んだ記憶があります。

3　活字文化から音楽・映像文化へ

ヘッドフォンステレオやビデオ再生機が音楽や映像の視聴を促進した一方、出版の世界でも〈本を読み、学び・考える〉から〈雑誌で写真を見る、必要な情報を入手して楽しむ〉への変化が起きました。映画や演劇、音楽などに関する情報誌『ぴあ』の創刊（一九七二年）はその嚆矢と言えるでしょう。同誌が画期的だったのは、対象の内容評価には立ち入らず、学生バンドの公演にもNHK交響楽団の演奏会にも同等の紙面を割り当て、場所・時間・入場料などの情報伝達に徹したことです。その後、就職、住宅などについての広告を記事に仕立てた情報誌が次々に刊行されます。

さらに〈カタログ雑誌〉と呼ばれた『POPEYE』や『JJ』などが若者に広く読まれます。これらはモノやファッションなどについての情報誌で、おびただしい広告に溢れていました。そして一九八一年の『FOCUS』を手始めに、文字通り写真中心の〈写真週刊誌〉が次々と創刊され、社会現象にさえなります。その名のとおり本来は子供向けだった『少年マガジン』や『少年ジャンプ』といったマンガ誌が広く大人に読まれるようになったのも一九七〇年代です。今日大学の教室に入ってゆくと、学生の多くが耳にイヤフォン、手にスマホで俯いて何やら画面に見入っています。しかしこれは別に目新しい光景ではありません。一九八〇年代初めでもすでに同じでした。ただしイヤフォンのコードはヘッドフォンステレオから伸び、手にしていたのは上のような雑誌類でしたが。

その後これらの機器や情報誌などを統合し、飛躍的に高機能化したパソコンやスマホは今や国民的必需品と化しています。これらのことを考えれば、今日のわれわれの生活様式は一九七〇年代頃に起源を発し、さらにそれを電子化、濃密化したものと言えるでしょう。こうして視聴覚や情報収集のために時間を多く使うということは、必然的に読書量の減少を招きます。一九七〇年代には「雑高書低」と言われつつも両者はまだ拮抗していたものの（難波、九六頁）、一九七九年に実売総金額で雑誌が書籍を上回ります（出版年鑑、二七四頁）。そして書籍・雑誌の総発行部数は、インターネットが普及し始めた一九九七年をいずれも頂点として、減少を続けています（同）。また新聞発行部数は、これも最高を記録した一九九七年の約五三〇〇万から二〇二二年の約三〇〇〇万へとほぼ半減しています（日本新聞年鑑、四〇七頁）。

天野は活字とテレビの違いについて次のように述べています。

一般的に活字メディアというのは、分析され整理された情報がタイトに詰まっているものですが、どっこい、テレビというのは、本質的にルーズなメディアなんですね。で、明確な情報も少ないし、そのぶん見る人に参加を促す性質がある。活字メディアには一本の活字の列をたどって、「たった一つの正解」を求めようとする本能がありますが、テレビにはそういうものはない。「答えは求めようとする人の数だけある」と言うか、「たった一つの正解なんかない」というのがテレビの本性なのです。（天野二〇一三、九九―一〇〇頁）

テレビの爆発的普及の背後にあるのはこうした特性です。第1章17にも述べたように、本の読み手には意味の共同生産者であることが求められます。これに対してテレビなどの映像を見るに際しては、積極的、能動な取り組みはあまり必要とされず、消費者的姿勢で臨むことができます。読むよりも映像を見る方が一般に楽なのはそのためです。さらにテレビは視聴者に『絶え間ない衝撃』を与えて番組への興味を惹起しようとする」結果、その「めまぐるしい感覚的刺激」によって「持続的な思考を阻害して寸断された思考を習慣づける効果をも」ちます（岩永、二九頁）。これはYouTubeなどでも同様と言えるでしょう。また電子通信やインターネットの普及は、〈コピー&ペースト〉が容易であることもあって、自分なりの言葉の追求に代わって、大げさで刺激的な言葉や常套句などの安易な借用を助長したと考えられます。

柔らかい物ばかり食べていると噛む力が衰えます。同様に知識などの取得を情報誌やテレビ、インターネットの断片的で「ルーズな」文字列や映像にばかり頼ることは、想像力や分析力、構成力、解釈力、批判力といった知的能力の低下を招きます。こうした点で知力の維持・強化にはある程度の負荷が必要であり、それに最適なのは読書と自前の言葉で書くことです。

4　授業中の私語と万物の商品化

一九七〇年に二三・六％だった四年制大学・短大への進学率は一九七五年には三八・四％に急上昇し、その後も増加を続けます（文部科学省）。こうした大学の急激な大衆化を背景として一九八〇年代頃から社会問題化したのが大学生の授業中の私語です（岩永、二七頁）。新堀通也『私語研究序説』の刊行はこれを象徴しています。新堀はその原因として、公共意識の低下、テレビ世代の大学入学、学生運動、学生の大衆化と反知性主義、「『入れてやる』大学から『入ってもらう』大学」への変化という「学生消費者主義」を挙げています（新堀、八―一一頁）。今日では学生がおしゃべりする元気や仲間意識さえ失って孤立化したせいか、私語はさほど目立ちません。それに代わって増加しているのが鬱など精神面での問題です。これにもまた新堀の挙げる諸問題が、社会の情報化と商業化の進展の中でさらに濃密化した形で関係していると思います。

サービス産業の拡大によって、かつては自力で手間暇をかけて拾い集め、自作しなければならなかった知識、情報、サービスなども〈商品〉化され、〈いつでも、どこでも〉手軽に買えるようになりました。その影響は教育や勉学の領域にも及びます。塾や予備校（以下では塾）の目的は、学校教育の補習であれ、受験対策であれ、学習者に応じた手助けをすることです。それ自体は悪いことではありません。しかしこれには金銭と引き換えの〈教育サービス〉の販売／購入、すなわち学習者の消費者化という側面もあります。とりわけ少子化が進む中で、合格実績などの〈成果〉をめぐる塾間での〈サービス〉競争は激化し、子供たちは〈お客さま〉としての色彩を強めています。一九九〇年で小学生の三三・九％、中学生の四五・八％、二〇一五年で小学生三九・〇％と中学生四一・三％が通塾しています（太田、一一五頁）。定期的通塾以外に夏期講習などの利用やお習い事などもあります。これらも考慮すれば、上の数字を上回る子供たちが、ファストフード店などと同様に、塾でもサービス販売者にかしずかれるという〈消費者は王様〉体験をしていると言えるでしょう。

ちなみに物品やサービスなどは販売に供せられた瞬間に〈商品〉としての性格を帯びます。しかし筆者は生産者や売り手がこれらをお客に対して平気で〈この商品は……〉などと言うのを聞くと悲しくなります。もとより生産や販売に利益獲得という目的があることは否定しません。しかし生産し、販売するからには、その品物やサービスなどに自信と愛着があるはずで、販売するのはこれを多くの人に供したいがためだと思います。もしそうであれば、利益追求の側面をむき出しにする〈商品〉という無神経な言葉は、買って下さる方に対して慎みを欠いています。〈商品〉は生産者や販売者などの仲間内にとどめるべき言葉です。筆者の感覚が古いのかもしれません。しかし塾が授業を、プロ野球選手が試合を、作家や画家、そして出版社や書店、画廊などが作品を〈商品〉と呼ぶとしたらどうでしょうか。少なくとも〈商品〉がなじむものとなじまないものがあると思います。

かくして万物が商品化されるビジネス文明の中で、今日の大学生や大人の多くは〈消費者〉としての心性を形成してきており、物事を商品売買の図式で理解しがちです。こうした彼らが勉学や読書などに際しても消費者として振る舞い、〈代金を払ったんだからサービスに務めてくれて当然〉という意識のもと、安楽や分かりやすさなどを求めるのは当然と言えば当然の成り行きです。しかしこれは勉学や能力形成という生産の営みにとっては真逆の心性です（第6章3参照）。上述したように、読解力などの知的能力は、一般商品のように出来合いのものを買ってくるというわけにはゆきません。これは試行錯誤の中から時間をかけて自ら組み上げ、宿すものです。

かつて大学教育学会のシンポジウムで、学生が理解しやすい授業をすべきだとする意見に反論がありました。その趣旨は、これは基本的にもっともだとしても、分かりやすい授業というサービスばかり与えていて学生に本当の知的実力が育つのか、そのためには難しいことにぶつかり、これを乗り越える場もまた必要ではないかというものでした。筆者も同感です。第1章に挙げた言葉の習得と使用をめぐる問題もまた、万物の商品化と消費主義という社会環境の変化と無縁ではないでしょう。

第3章

『なんとなく、クリスタル』

この作品を取り上げる趣旨は〈はしがき〉に述べたとおりです。本書では本章と次章の教養主義を合わせ鏡にして両者に通底するものについて考えたいと思います。

1　気分・欲求の肯定と消費主義

主人公である神戸出身の由利は、青山学院と思しき大学の英文科の学生である傍らモデルもしており、幼稚園から成城学園育ちの学生と思われる淳一と神宮前四丁目のマンションで暮らしています。彼は「その筋では一応の評価を得たキーボード奏者で、今では学業よりそっちの方が本業になって」(田中、一八頁)おり、一年留年しています。これらの〈副業〉によって彼らには十分な収入があります。物語は由利のこうした身辺や意識を描いたもので、大きなヤマやオチはありません。

それまでの日本では少なくともタテマエ上は「社会の価値は私生活より公の問題にある、という思想が通念」(朝日、二〇一五年一月六日)でした。そこで重要とされるのは理念や思想などで、本人の気分などよりも〈べきである〉が支配的なまじめ主義の世界でした。これに対して、本作品で主人公たちの行動を左右しているのは、〈気分〉と〈～したい〉という個人の気ままな欲求です。

結局、私は〝なんとなくの気分〟で生きているらしい。／そんな退廃的で、主体性のない生き方なんて、けしからん、と言われてしまいそうだけれど、昭和三十四年に生まれた、この私は、〝気分〟が行動のメジャーになってしまっている。（田中、三〇―三一頁）

以前であれば、これは田中が由利の口を通じて揶揄しているように、「そんな退廃的で、主体性のない生き方なんて、けしからん、と言われてしまいそう」でした。しかしこれが平然と口に出せるのは、大学紛争を境として〈清く・正しく・まじめに〉という社会中心のタテマエ主義から、私生活を中心とした〈楽に・豊かに・楽しく〉を追求する身も蓋もないホンネ主義への転換が起きたればこそのことでしょう。

こうした関連で思い出すのが、一九八五年にテレビで放映されたセブン・イレブンの〈ケイコさんのいなりずし〉という広告です：若い女性のケイコさんは、夜中にどうしてもいなりずしが食べたくなります。そこで彼女はセブン・イレブンに行っていなりずしを手に入れ、「こんな自分を私はかわいいと思います」と自画自讃します。かつてであれば、これは〈かわいい〉どころか、〈食い意地が張っていてみっともない〉、〈子供ではあるまいし、いい大人が我慢できないのか〉、〈若い女性がはしたない〉といった非難が浴びせられたでしょう。それにもかかわらずこの広告が制作されたのは、〈自己の欲求に忠実に生きるのは良いことだ〉という主張が広く受け入れられる社会的土壌があったことを物語っています。

2　豊かさの肯定と活字離れ

大学紛争以前の社会では、経済的豊かさよりも精神性を上位に置く心性が一般に称揚されていました。「ぼろは着ててもこころの錦　どんな花よりきれいだぜ」（一九六六年『いっぽんどっこの唄』）という人気曲の歌詞はこれを象徴しています。これに対して『なんクリ』では「こころの錦」よりもあっさりとブランド服が選ばれます。由利がディスコで知り合い、何となくボンボン風で気に入った正隆も「『僕もいやだね、しみったれた生活なんて。』」（田中、八五頁）とためらいもなく言います。

親からは、他の子と比べても見劣りしないだけのお金をもらっていたけれど、もともと私は多消費型の人だったから、そんなに余裕があるという方でもなかった。だからモデルの仕事は私にとって、結構魅力だった。（同、九一頁）

二人が〈学生の分際で〉「淳一の自己嘲笑《ちょうしょう》的表現を借りれば〝アブク銭の上に成り立っている生活〟」（同、一〇四頁）ができるのは、由利だけでも月に四〇万円近くの収入がある（同、九九頁）からです。かつてであれば、〈浪費型の人〉とされたであろう由利が、ここでは価値中立的に「多消費型の人」と自称しています。その結果がブランド品の数々です。由利は「ジョージ・

オーウェルの『一九八四年』をテキストにしている、かったるい月曜午後の英語の授業が終わると」、「パルコにあるオックスフォードでスカートを買いたい」という早苗に付き添いを頼まれて教室を出ます（同、一〇四―一〇五頁）。彼女たちの関心は専門の英文学や社会批判などよりもファッションやお買い物などのようです。また正隆の日常も「僕らって、青春とはなにか！ 恋愛とはなにか！ なんて、哲学少年みたいに考えたことってないじゃない？ 本もあんまし読んでないし」（同、八七―八八頁）といったもので、淳一は音楽三昧の毎日です。

かくして安逸と消費、遊興に生きる『なんクリ』的世界の住人たちは、言葉のお手本蓄積に有用な読書や勉学などに熱心とは見受けられません。また自らの意見形成などの自己表現は、もっぱらブランド商品の選択と購入がその代りを務めている観があります。しかしわれわれは彼らを笑ってばかりもいられません。なぜならば、こうした生活と深く結びついている言葉の栄養失調は、その後の情報消費の拡大や活字離れ、反知性主義の広がりなどを考えれば、彼ら以上に今日のわれわれにとっての問題でもあるからです。

3 差異化への欲求とハビトゥス・文化資本

コト商品でも満たせない差異化追求の徒花とも言えるのがブランド品です。しかしこれは高価ではあっても誰でも入手可能です。そこでさらなる差異化への欲求が向かうのが、金銭では買えないハビトゥスや文化資本です。前者はフランスの社会学者P・ブルデューの言葉で、社会的出自や生育・家庭環境などから無意識の裡に形成される世界のとらえ方やものの考え方、言葉遣い、立ち居振る舞いといったものです。

ハビトゥスは本人の努力や経済力によってではなく、当人を取り巻く環境全体の中で育まれます。金銭が資本主義の中で経済資本であるように、これもまた人間が社会で活動する上での〈文化資本〉として機能します。これは一般に上級学校への進学や社会的活躍などを促進し、さらには経済的な富とも結び付き、社会関係資本として親から子へと継承されてゆきます。淳一がキーボード奏者として活躍でき、少なからぬ収入が得られるのも、子供の頃からピアノやバイオリンを習ったという家庭環境に多くを負っていると言えるでしょう。

『なんクリ』には恵まれた生育環境や育ちの良さ、付属校出身などを良しとする記述がしばしば見られます（田中、五〇、九四、一四〇頁）。これは自力で何かを達成するのを良しとする気風が強かったそれまでであれば、羨望とやっかみの目で見られ、〈苦労知らず〉、〈ひ弱〉、〈甘やかされた〉といった形で否定的に評価されたところです。こうした点や、後述する趣味や着こなし、作法への注目などから考えると、『なんクリ』が寄せる関心の中心は文化資本やハビトゥスにあると考えられます。ブランド品は本来そこから派生する〈おまけ〉のようなものです。それにもかかわらず、逆にこれが目的化したかのような作中の男女や読者は、「ぜいたくの民主化」現象の戯画とも言えるでしょう。

かつて〈最強のブランド品は、慶應幼稚舎の制服を着た子供を連れて歩くこと〉という記事をどこかで読んだ記憶があります。〈子供より制服が大事なのか!〉、〈子供はペットではない!〉などと憤るのは野暮としても、多くのブランドも消費し尽くされて大衆化した昨今、これは人々の欲望の向かう先が、金銭では買えず、歴史的蓄積を要する文化資本やハビトゥスであることを示しています。しかしその一方で〈コスパ〉や〈タイパ〉が称揚されるというのは皮肉です。ここでも社会は持てる者と持たざる者に二極分化しているということでしょうか。

こうした脈絡から、『なんクリ』の世界ではブランド品もただ身に付けていればよいというものではありません。そこでは趣味や着こなしなどが問われ、これに反する場合には皮肉な目が向けられます。由利の友人で洗練に欠ける江美子について田中は、「上はパリスのシャツを着ていても、クリスチーヌあたりで買った三千八百円のスカートを、平気で組み合わせてしまう子です」(田中、一五八―一五九頁)と註で評しています。これに対して斎藤美奈子は、長野県出身の田中について「シティボーイを気どりたいカントリーボーイであればこそ、田中康夫は東京の風俗に固執し、それを詳細にレポートすることも、意地悪く相対化することもできたのではなかったでしょうか」(斎藤美奈子、二四七頁)と述べています。このことを考えるならば、ハビトゥスの一つである〈センス〉などに対する拘泥はある種の過剰反応とも言うことができ、これは明治維新以来の「植民地的文化の匂い」（竹内 一九九九、二六一頁）という問題とかかわってきます。

4 「植民地的文化の匂い」

日本は西洋による植民地化は免れました。しかし「散髪脱刀令」に見られるように、明治政府が伝統を〈自主的に〉否定し、近代化という西洋化の道を選択したことは、実質的には自発的隷従による自主植民地化と言えるでしょう。こうして見る時、『なんクリ』に登場する西洋起源のブランドや飲食物、音楽、ハビトゥスなどに付着するのが「植民地的文化の匂い」です。

正隆はパスタの食べ方について、「『イタリアじゃさ、スプーン使って食べるのって、シチリアとか南の方の連中が多いんだ。で、ミラノとか北部のエスタブリッシュされた階層は、フォークだけで食べるんだよね。』」（田中、五三頁）という知識を由利に語ります。さらに彼によれば「『それでさ、日本のお偉方がね、イタリアへ行った時に、晩餐会で前菜のパスタをスプーンとフォークで食べたんだって。それを見て、向こうの高官がびっくりしたって話があるくらいでね。』」（同）だそうです。

植民地にとって何が正しいかは宗主国によって決められます。したがって〈パスタの正式な食べ方〉に関する〈教養〉が正隆の威信やアイデンティティーの裏付けであることは、そもそもが明治維新以降、権威への近さという点から、西洋文明の受容・吸収の高偏差値者をエリートとしてきたことの必然的結果と言えるでしょう。加藤典洋は、江藤淳による『なんクリ』評価と関連させつつ、「実はアメリカなしにはやっていけないという、この小説の基底におかれた『弱さ』の自覚」(加藤典洋、二五頁)という観点から同書で興味深い論を展開しています。そしてそこで指摘される戦後日本における『「アメリカ」信仰ともいうべきもの』(同、四六頁)の背後には、敗戦の否認とアメリカへの属国化という根本的問題があります(白井 二〇一八、二〇一三・内田(他) 二〇二三、二〇一六、二〇二二)。

淳一もまた、二組の男女が車に乗る時は「もともとのカップルが前後にクロスしてすわるというのが、アッパー・テンなクラスの車の乗り方」(田中、一三五頁)という知識を披露します。これには「upper ten thousand 上層階級」(同、一八五頁)という註が付されています。淳一の蘊蓄に対する由利の反応は、「毒にも薬にもならない、知っていても、いなくてもいいようなことになると、誠にくわしい。そうしたディレッタントっぽいところが、彼の育ちのよさを感じさせて、なんとも私の好きなところだった」(同、一三六頁)というものです。しかし〈アッパー・テン〉はこうしたことを淳一のように〈学習〉などしません。なぜならば、彼らにとってこれは最初から空気のように自明だからです。そうであればこその「アッパー・テン」です。竹内洋は高等教育の文化と社会階層について、P・ブルデューの考えを次のように紹介しています。

ブルジョワの子弟にとって、高等教育の文化は学ぼうとする努力の対象ではない。高等教育の文化とブルジョワの子弟のハビトゥスとは同型であるからだ。ところがプチブルの子弟にとっては高等教育の文化とかれらが育った家庭の文化には大きな距離がある。高等教育の学問へのアクセスには獲得努力が必要である。しかし上流階級からみれば、そうしたプチブルの子弟の「勤勉」は「余裕のなさ」に、また「努力」は「才能の欠如」をおもわせてしまう。プチブルの子弟は高等教育の文化に同化しようとすればするほどそぐわなさが露呈してしまう、と。

（竹内 一九九九、二七八頁）

引用文中の「ブルジョワ」を宗主国、「高等教育の文化」を宗主国の文化、「プチブル」を植民地に置き換えれば、この図式は西洋と日本の関係にも該当します。パスタの食べ方や車内での男女の席の取り方などは宗主国では日常生活の一部です。しかしこうした些細なことさえも、植民地では学習対象化します。そしてこれにすり寄り、勤勉な努力によって習得した知識は、宗主国への近さの証明として植民地エリートの威信を形成します。しかしそこに漂うのは〈植民地的文化の匂い〉です。

5　不安とアイデンティティーの危機

宗主国の文化は所詮輸入品で、代用品に過ぎません。そこに生まれるのは劣等感であり、宗主国の顔色を絶えず気にする落ち着きのなさと内面の不安です。由利たちもまた気ままな消費生活を謳歌しているように見えながら、空虚や不安も抱えています。これは自分たちの生活が「アブク銭の上に成り立っている」という淳一の自嘲や、本章2の正隆の自覚などに垣間見えます。

モデルである由利にとって、加齢は容姿の衰えとも結びついてきっと不安なことと思います。こうした中で彼女は、経済的豊かさから得られる日々の消費や気ままな生活、友人たちとの付き合いなどによって空虚を紛らわし、これを直視せずに済んでいます。しかし由利にとっては「でも、私たちにはおたがいの存在の方が、より大きなアイデンティティーとすることができた」(田中、一一八頁) 由で、それは「やはり、淳一がいてくれるということが、私のアイデンティティーなのだった」からだそうです (同、一三二頁)。一方彼女は淳一が自分のもとを去るかもしれないという不安を抱いています。このように、ある一人の人間に依存して自己の存在を全うしようとするのは危険です。こうした点で、由利と淳一の関係を日本のアメリカへの従属に重ね合わせるという加藤典洋の見方 (加藤典洋、三二頁) は重要です。かつてわれわれは似たようなことを〈盟邦ドイツ〉への傾倒と失敗という形で一度体験済みのはずです。

何かにのめり込み、すがるという行為は、アイデンティティー上の不安定さに根差す内心の空虚や不安による場合が少なくありません。『なんクリ』的世界で人々がブランド品や快楽を漁るのもまたこれによるものと言えるでしょう。パスカルは「人間のあらゆる不幸は一室にじっと休息していることができないという、ただ一つのことから生じる」（伊藤勝彦、二二七頁）として、兎狩りを例に次のように述べています。

> 変に哲学者ぶって、買ってまでは欲しくないウサギを追いかけ回して一日を過ごす人たちは不合理だと非難する人は、わたしたちの本性《ほんせい》というものをほとんど理解していない。ウサギそのものはたしかに、わたしたちの視線を死や悲惨からそらせてはくれないが、ウサギを狩ることは、私たちが死や悲惨を直視するのをちゃんと妨《さまた》げてくれるからである。
> （鹿島、二一九頁）

本章7で述べる〈量の拡大〉、そしてスマホいじりはさしずめ現代の兎狩りと言えるでしょう。かくしてスマホの世界に閉じこもって情報消費にうつつを抜かせば抜かすほど不安は増し、アイデンティティーは危機にさらされます。ここでもわれわれは〈大衆は騙されたがっている〉という言葉についてよく反芻する必要があるでしょう。

6　『なんクリ』が批判するもの（1）――形式と権威

以上のように、『なんクリ』的世界には、西洋起源のブランドやハビトゥスの借用による自らの権威付けが見られます。しかし正隆と由利はこれについて自覚しており、以前の時代と比べてそこには変化の兆しも見られます。本章4の〈パスタの正しい食べ方〉をめぐる正隆と由利の対話はさらに次のように続きます。

私たちのまわりには、まだまだおかしな西洋コンプレックスが残っている。

「おかしいと思わない？　ひそかに優越感に浸りながら、きどってスプーン使ってるわけでしょ。ところが、そんな人が一番バカにしている階層の食べ方だったなんてさ。」

そういう彼も、縦長なトラサルディのバッグを持っていた。／「とはいうものの、僕だって向こうのブランド物を持ってるんだから。」／私にしても、それは同じことだ。

（田中、五四頁）

そして、二人は次のような結論に至ります：「結局ね、ブランドに弱いんだよね。僕らの世代って。ま、僕らの世代というより、日本人全体がそうなのかな。」／「多分、そうなんじゃない。」（同、五五頁）。

かつての日本は貧しく、西洋は遠く、そこは書物などの覗き窓からかすかに仰ぎ見る隔絶した世界でした。その結果、西洋の全体像は見渡せず、免疫力もなく、一方的な美化や崇拝に傾いたのはやむを得なかったと思います。これに対して『なんクリ』の時代には、交通・通信手段が格段に改善し、欧米滞在経験者も増え、かつてほどの片想いはなくなっています。由利と正隆が西洋崇拝について自覚的であり、一歩引いて見られるのはそのおかげです。

由利と正隆の次の対話はこうした日本社会の成熟と余裕を示しています：「それにしても、スパゲッティの話は最高ね。よくいるじゃない、なんでも西洋流でないと気が済まない鼻持ちならない人って。」／「それに比べれば、僕らのブランド志向なんて、かわいいもんだよ。」（同、五六頁）。田中は「ブランド志向」について、前頁の引用中の「ブランドに弱いんだよね。〔…〕日本人全体がそうなのかな」に付した註で次のように揶揄しています。

この小説の登場人物はマネキン人形で、中身が空洞だ、という「文芸」評論家だって、学歴や肩書きというブランドにこだわる人です。この小説には生活がない、という「文芸」記者だって、新聞社のバッチというブランドを取りはずしたら、タダの人です。

（同、一七一―一七二頁）

こうした点でわれわれは由利たちばかりも非難できません。「私たちって、横文字文化に弱いのだから……」（同、四七頁）という由利のつぶやきは、天皇をはじめとする大きな権威への近さの偏差値競争を繰り広げてきた／いる日本人全体に向けられています（第4章6参照）。このように見るならば、『なんクリ』は〈軽薄なブランド小説〉の体裁を取りながら、その根底にあるのは形式主義や社会的権威全般に対する根本的な（radikal）批判と相対化であると思います。

7 『なんクリ』が批判するもの（2）――量の拡大

『なんクリ』本文の最後は、シャネルと思われる白のワンピースを着た品の良い、素敵な奥様風の女性が、地下鉄の出口から出てくるのを由利が目にする場面で終わります（田中、一四六―一四七頁）。その時由利は十年後も淳一との関係の持続を望むと同時に、自分の将来への疑念と願望が脳裏をよぎります：〈あと十年たったら、私はどうなっているんだろう〉／〔…〕／〈三十代になった時、シャネルのスーツが似合う雰囲気をもった女性になりたい〉（同、一四七―一四八頁）。

この後に註が続きます。そしてその後に、唐突に「人口問題審議会」などによる人口動態に関する予測、すなわち今日われわれが直面している少子高齢化と人口減少の現実が冷厳な数値によって示されて本書は終わります（同、一九〇―一九一頁）。田中はこれを掲げた理由について、「20代半ばだった僕は、量の拡大から質の充実へ認識を改めねば立ち行かなくなると感じたのです」（朝日、二〇一五年一月一三日）と述べています。

これらを考え併せると、「三十代になった時、シャネルのスーツが似合う雰囲気をもった女性になりたい」という思いも、由利流の「量の拡大から質の充実」への願望と解釈できるかもしれません。こうした関連で筆者の目を引くのは、若い男の幼さと行動の空しさ、下らなさに対する彼女の批判です：私がいやだったのは、彼らは深い関係になった女の子の数を友だちと争うことにしか能がない、という点だった。陥落させるゲームを、友だちと競争しているに過ぎない。〔…〕彼らは精神的に余りにも貧相だった。それに、彼らは話題に乏しいときていた。女の子と車の話題を、彼らから取ってしまったら、後には何も残らない気がした（田中、一一〇頁）。

さらにこれと関連して気になるのが淳一と父の関係です。父は化学関係の会社の経営を親から引き継ぎ、優れた経営手腕で大きく発展させた人物です：彼はいやにパパを毛ぎらいするところがあった。パパは、淳一が音楽の道に足を突っ込んでいくことを、余り快く思っていなかった。彼は彼で、パパのようにビジネス一筋で来た人を、あっさりと認めてしまいたくないところがあった（同、九九頁）。

二人の反発の背後にあるのは価値観の相違でしょう。パパは〈実業〉界で「量の拡大」という戦果を挙げた勝者です。これに対して淳一が追求するのは音楽性や創造性、演奏の腕前といった〈質〉です。こうした立場からは実業もまた、由利が嫌う若い男と同様の、〈量の拡大ゲーム〉に熱中する子供じみた〈虚業〉に過ぎません。一方パパから見れば、淳一の音楽活動こそ数値化や規模の拡大とは無縁な遊びのような虚業に見えるのでしょう。

「量の拡大」ということで言えば、明治維新以来の〈大戦果〉である戦前の〈一等国〉、戦後の〈経済大国〉は何かに憑かれたような無理と背伸びを重ねた結果でした。しかしその栄華がつかの間に終わったのは、国民の〈がんばり〉が足りなかったのではありません。これは日本の諸条件を考えれば理の当然であり、大戦果の方が異常事態だったのです。そして戦果の果ては原爆二発に一面の焼け野原と死傷者の山、戦後もまた池内紀の指摘する「これほど豊かになって、これほどしあわせにならなかった国はめずらしい」(朝日、二〇二〇年一〇月五日)という情けない事態です。少子高齢化と人口減少は田中以前からも予言されていた構造的問題です。さらに田中の警告にもかかわらず突入したバブルの多幸症的消費と享楽崩壊後の〈失われた三〇年〉でも、量の拡大についての自覚的反省は乏しいままに、〈夢よもう一度〉の願望が燻り続けています。

昨今はGDPがドイツに〈抜かれ〉、世界第四位に〈転落した〉ことが話題になっています。しかしこうした数値の大きさや順位が国民の幸福を保証するものではないことは上で池内が指摘するとおりです。量の拡大路線からの撤退戦と質の充実は、『なんクリ』の時代以上に今日喫緊の根本的課題です。

第4章　教養主義

『なんクリ』が高等教育大衆化時代の〈遊びのエリート文化〉だとすれば、それまでのまじめ主義の学歴エリート文化が教養主義です。両者は表面的には対照的である一方、その底には共通性もまた垣間見え、日本の文化と社会について考える上で重要な示唆が得られます。

1　戦前の教育制度

教養主義は戦前の教育制度と関係が深いことから、これについて最初に概略を記しておきます。ただし当時は男女別学で、現在の単線型とは異なる複線型である上に、制度変更や例外などもあり、非常に複雑です。以下は一九三五年頃のおおよそのところで、時代をさかのぼると進学率はさらに下がります。

当時は六年制の小学校だけが義務教育でした。しかし六六%はさらに二年間の高等小学校（高小）に進みました（伊藤（他）、三七七頁）。小学校卒業後に中等教育を受けようという男子は、五年制の（旧制）中学校に、女子は四―五年制の高等女学校に進学しました。小学校ないしは高小卒業後には二―五年制の工業や商業などの実業学校、高小卒業者には初等・中等教育の教員を養成する五年制の師範学校もありました。

帝国大学を目指す人は中学校から（旧制）高等学校に、私立大学に進む人は各大学の予科にまず進学しました。いずれも原則として三年制で、外国語や哲学、歴史、数学、物理学など、戦後の新制大学の教養課程に相当するリベラルアーツ教育を行い、大学は専門教育のみの三年間でした。高等学校の入試は大変な難関である一方、帝国大学への進学は容易でした。大学に準ずる高等教育機関として、高等商業学校、高等農林学校などの専門学校もありました。

小学校から中等教育への進学率は二一％（伊藤（他）、三七七頁）、高等教育就学率は一九四〇年でも三・七％（筒井、一一一頁）に過ぎず、当時は中等教育修了ですでに高学歴であり、大学卒業者は〈雲の上の人〉であったと言えるでしょう。

2　教養主義とは

教養主義とは、読書や芸術の鑑賞、友人との議論など「『文化の幅広い享受を通しての人格の完成を目指す思想・生活態度（ハビタス）』」（筒井、六一頁）です。その功績は大正時代頃から一九七〇年代初め頃まで、主に旧制高校の生徒や新制大学の学生などを「教養＝歴史・哲学・文学などの読書にむけて押し出したキャンパス文化」（竹内 二〇一一、四〇頁）として、次のような点にありました。

〔…〕旧制高校的教養主義は単に難しい本を読んで知識を得たというだけではない。そうした読書を通しての人生への懐疑であり、人格形成だったということを忘れてはならない。教養とは、未知の世界を知ることによって、さらに大きな世界があることを知ることである。そうすることで、いまの現実世界について懐疑・自省し、現実世界を超越する理想主義につながるものである。教養主義の学生文化は「自省」と「超越」の契機をもっていたことが大事なのである。(同 二〇〇一、五七―五八頁)

一方こうした「旧制高校のハイブラウ文化である教養主義」(同 一九九一、一六五頁)には、「読書見聞による多知多解、博識が教養の中心になってゐる」(唐木、二三三頁)という指摘に見られるように、知識などの受容・蓄積志向が強く、これは第5章4の「溜め込み型学習」にも通ずるものがあります。この点について竹内は「受験勉強も教養主義も実は『知識獲得作業』という点ではなにも変わるところがなかったのである。教養主義を知識あるいは真理への無垢な志向とだけみるのは余りに単純である」(竹内 一九九一、一六五頁)としています。

一方旧制高校には教養主義とは異なる側面もあります。そもそも明治時代の高等学校は、一高を例とすれば「一高魂は国家主義と武士的エートスとが結びついた」「剛健質朴」的な気風のところでした(同 一九九九、二一三―二一六頁)。こうした歴史もあって、旧制高校には「教養主義を中核とする『高踏主義・超然主義』をオモテ文化とすれば、『勤倹尚武をモットオとする封建的専断主義』はウラ文化である」(同 一九九五、四七頁)という二面性がありました(本章7参照)。

3　教養主義の成立

教養主義の中心にあるのはドイツ由来の次のような〈教養理念〉です。

〔…〕「人間の真の目的は……みずからのもろもろの能力をひとつのまとまりある全体にむけて最高度に、しかももっとも調和のとれた仕方で発展させることである」というヴィルヘルム・フォン・フンボルトの言葉が、この理念の内容の最大公約数を表現していると見てよいだろう。（野田 一九八八、二五五頁）

こうした考え方は大学制度と結びつけられて形式化し（同 一九九七、二一―二二頁）、一九世紀のドイツは大学教育を受けた社会的文化エリートである官僚、医師、弁護士、大学教授などの教養市民と、彼らに劣等感を抱く非教養大衆の二つの身分に分裂していました（同、三一―三三頁）。教養市民層は基本的に宗教や教会に対して冷淡であり、彼らの間では教養理念がいわば「教養宗教 Bildungsreligion もしくは教養信仰 Bildungsglauben」とも言うべき役割を果たし、「大学文化と学問の異常な栄光化」が行われていました（同 一九八八、二五七頁）。

一方日本では明治維新という伝統文化との決別による人々の根無し草化の中で、明治末には急激な近代化も一段落し、社会体制の整備が進みます。これによる緊張の緩和や社会の閉塞化と共に青年層の関心は個人の内面に向います。こうした中から明治末期に「『努力して人格を向上・完成させること』」を目指す「修養主義」が登場します（筒井、八四―八五頁）。そこから教養理念に基づくエリート文化として分離したのが教養主義です（同、八四―九〇頁）。

こうした出自の故に、大衆文化とエリート文化の中核的エートスはその質を同じくしていました（同、二三一―二三四頁）。そうであればこそ、日本の学歴エリートはむしろ逆に自らの威信の形成、保持について意識的にならざるを得ず、その基盤である西洋文明の学習に依拠した「同化＝差異化戦略」（竹内　一九九一、一六五頁）を展開したと言えます。

4　教養主義の特徴と機能

高度成長以前の日本は、都市と農村の文化的、経済的格差がきわめて大きく、学歴による立身出世願望の背景には農村の貧しさからの脱出がありました。これに対して高等教育就学率は、一九一〇年が一・〇％、一九二〇年に一・六％、一九四〇年で三・七％、一九六〇年でも一〇・二％に過ぎませんでした（筒井、一一一頁）。かくしてドイツの教養市民層の場合と同様に、日本における教養主義の輝きは、農村を中心とする圧倒的多数の〈非学歴大衆〉対〈都市の少数の学歴貴族〉という図式の上に成立していました。また教養理念はキリスト教の色彩が薄く、学問や読書に基づく一種の能力主義でもあることから学歴貴族にとって近づきやすく、世俗での成功を正当化し、エリートの根拠付けとして適していました。

内容面では、旧制高校の授業や生徒の読書傾向は西洋に傾斜していました。竹内は「旧制高校の教養主義は西洋文化への憧《あこが》れとコミットメントから成り立っていた」（竹内 一九九九、二六三―二六四頁）としています。こうした点から教養主義の大きな特徴の一つが「西洋感染《かぶれ》」（同、二六八頁）であり、その結果が西洋を範とする知の物神化や事大主義、権威主義です。

戦前の教養主義の中心であった旧制高校は、入試難度の最も高い一高を頂点として、高学力者を選抜した少数の「統治エリート候補生の学校」でした。村上泰亮はこの点と教養主義の関係について次のように指摘しています。

〔…〕、日本のエリート型教育は、〔…〕安定的な基本理念を欠いていたという意味でたかだか『擬エリート主義』であったにすぎない。象徴的な一例をとれば、旧制の第一高校のずばぬけて高かった威信は、厳選された統治エリート候補生の学校だという点にあって、明確な教育理念やカリキュラムや教授法にあったのではない。戦前日本のエリート型教育の基本型は理念を欠いた実用教育なのであり、その中で最も非実用主義的な部分であった旧制高校も、たかだか擬リベラルアーツ的といえるにとどまったのである。（村上、七一頁）

竹内もまた「教養主義の動機と機能を顕在と潜在との複眼でみることが必要である」（竹内 一

九九九、二六〇頁）としてその陰の側面について次のように述べています。

とすると教養主義の顕在動機が人格主義であり、潜在動機は立身出世主義である。顕在機能は身分文化への同化であるが、潜在機能は外集団との差異化である。旧制高校生の教養は、芳香としての教養と差異化する教養との重層構造〔…〕として存在していた、ということになる。（同）

旧制高校文化は実利や名利を軽蔑《けいべつ》していたから、旧制高校生を教養主義の使徒のようにみせたのである。旧制高校生は帝国大学をつうじての出世コースがみえていたからこそ、実利や名利を否定する姿勢をとることができた。実利や名利を否定する姿勢が実利や出世につながるという迂回《うかい》戦略による利潤の増殖メカニズムが隠蔽《いんぺい》されていたのだが、専門学校はそういう特権的モラトリアム空間ではなかった。（同、二五九頁）

こうして旧制高校生の威信は中身によってというよりも、入試での選抜による希少性によるものでもありました。このことは進学率が上昇し、高等教育が特別の存在でなくなれば、「迂回戦略による利潤の増殖メカニズム」も効果を発揮できなくなるということでもあります。

5　教養主義の消滅

戦争による中断を経て、教養主義はマルクス主義と共に戦後の新制大学に復活する一方、経済成長によって社会や産業の構造は大きく変化します。農業人口は一九二六年の五二％が一九六〇年に三三％、一九七七年には一四％に低下します（竹内 一九九九、三一六頁）。これに対して大学進学率（四年制大学と短大）は一九六〇年の一〇・三％から一九七〇年に二三・六％、一九八〇年には三七・四％に上昇します（文部科学省）。その結果、都市と農村、さらには日本と西洋の文化格差さえもが消滅し、一九六〇年代後半には大学生はもはや学歴貴族ではなくなり、教養主義の存立基盤が掘り崩されます（竹内 一九九九、三一三―三一七頁）。

こうした中で起きた「学歴貴族文化という蝋燭《ろうそく》の火が消え入る直前の光芒一閃《こうぼういっせん》のような事件」（同、三二五頁）とも言える大学紛争について竹内は、教育社会学の立場から次のように述べています：大学紛争は学歴インフレによる、期待心理と現実の機会構造のずれのなかで生じた摩擦熱だった。「過去」の大卒者の地位にもとづく期待心理とありうべき「未来」の大卒者の処遇の落差による摩擦熱だったのである（同、三一八頁）。

こうして大学紛争と共に教養主義は急速に衰微し、前章と前々章に述べたような事態を迎えます。その後一九八〇年代初めに浅田彰の『構造と力』などに代表される「教養主義の最後の一瞬の輝きともいえる」（竹内 二〇〇八、一八六頁）〈ニューアカ（ニューアカデミズム）〉が流行します。これは「難解な思想書に取り組もうとする『知的余力』が、まだこの時代にはあった」（AERA 二〇一三、五〇頁）ことにもよるのでしょう。しかしこれは一過性の流行に終わります。竹内はその性格について次のように述べています。

［…］難解な本を読むという点ではかつての教養主義青年と似てはいたが、人格主義や社会改良主義がなくなっていたことが大きな違いである。難解な用語と論理を操るのが得意という偏差値競争のような教養主義だった。ニューアカブームは、難解本を手にして、キャンパスの中の大衆大学生を差異化するようなところがあった。人格的教養主義でも政治的教養主義でもない、単なる差異化する教養主義だった。進歩と成長の歴史意識の崩壊のなかでの最後の徒花《あだばな》教養主義というものだった。（竹内 二〇〇八、一八七頁）

上に述べたように、教養主義は少数の学歴貴族のものでした。しかし本章2の引用に挙げられている教養主義の長所は、とりわけ社会で指導的立場に就く者にとって必須の素養として評価に値します。しかし一九九一年の〈大学設置基準の大綱化〉によって、大学における教養教育は自由化され、新制大学で制度上これを担ってきた教養部や教養課程は廃止・改変されました。あれから約三〇年、今や世を挙げて〈金儲けとコスパの異常な栄光化〉が行われています。こうした中で教職員の世代交代もあり、大学自身もまた総じて「大学を一般企業と同様な経済市場における構成組織と見なし、競争至上主義や損得勘定といったいわゆる市場原理を適用する」（宮野、一四頁）大学資本主義の方向に向かっています。

しかし教養教育はその名称や姿を変えつつも多くの大学に存続しています。これは、かつてのような教養主義はともかくとして、専門知とは異質なるものが大学と社会にとって何らかの形で必要であることを物語っていると言えるでしょう（第6章5参照）。

6　教養主義と『なんクリ』

教養主義と『なんクリ』はまじめ主義と快楽追求という点で対照的である一方、次のような点で通底しています。

心の支え

『なんクリ』的世界の関心の対象はブランド商品や、流行についての情報などであり、それらの消費によって内面の不安を紛らわせています。これと同様に、教養主義者の関心もまた西洋由来のブランド物の思想や文学、芸術、それらの世界の動向などにあり、これらは彼らの心の支えでもありました。こうした構造において、教養主義は書籍や思想、知識などを衣服や情報などに置き換える形で『なんクリ』に引き継がれていると言えるでしょう。

西洋崇拝と権威の構造

教養主義者と『なんクリ』世界の住人は、関心の対象である〈西洋〉がそれぞれの小宇宙の中で権威や威信の源を形成し、これへの近さや適応・習得偏差値の上位者が尊敬され、力を手にするという構造においても共通しています。これはいわば「他人本位」（夏目、一三三頁）の価値体系であり、そのお仕着せから立ち上るのが〈植民地的文化の匂い〉です。

白井聡は「国体」とは、各人が自分の頭で考え、自主的に決意、判断して行動することの絶対的否定であり（白井 二〇一三、一八三－一八四頁）、「『天皇との距離の近さ』が国体の『道義』の源泉なのである」（同 二〇一八、二七二頁）としています。「自己本位」（夏目、一三五頁）のこうした否定という点で、西洋や教養、各種のブランドの崇拝にもまた、これらを天皇とする小型版国体のような性格があり、そこに事物の義務化や権威化が発生します。その結果、教養主義には必読書的なものがありました：それを読んでないとね、村八分なんですよ。／〔…〕「おまえ、そんなものも読んでないのかッ」て。〔…〕「おまえ三木清読んだか」「読んでません」「読め、高等学校の生徒だろう」といわれてね、そういう連中があわてて読むんですよ（大隈（他）、一六二頁）。

これは〈商品と情報の教養主義〉とも言える『なんクリ』についても該当します。パスタの食べ方や車内での座席の取り方についての蘊蓄の権威化はこれを物語っています。これはまた日本の学問や研究に自らの意志や問題意識が乏しく、海外の流行に左右されがちで、その紹介や祖述が多い理由の一つでもあると思います。次の小話はこの点を突いています。

各国の研究者に象について研究せよという課題が出された。彼らは何をしただろうか。

イギリス人：すぐに猟銃を手にしてアフリカに象狩りに行った。

アメリカ人：〈象のビジネス上の価値について〉という論文を書いた。

ドイツ人：図書館に通って象について書かれた古今東西の文献を集め、〈象に関する現象学的研究序説〉という分厚い二巻本を書いた。

日本人：〈象に関する各国の研究動向について〉という論文を書いた。

受容中心

『なんクリ』の世界はモノやコトを消費するばかりで、何かを生産したり創造する場面はありません。教養主義もまた同様に文化や知識などの崇拝と受容、蓄積が基本です。

旧制高校の雰囲気のなかで放たれる芳香としての教養主義は学問や文化への尊敬の気持ちを残した、ということになる。教養主義は、自ら作品をつくり、独創を誇るのではなく、傑作に接し、人類の文化の重みを知ることによる人格形成だった。そうした教養主義は受動的と言えば受動的、知の権威主義といえば権威主義ではあるが、生涯にわたる学問や文化への畏敬心を生んだ。（竹内 一九九九、二五七頁）

これをもじって皮肉れば、教養主義は次のような形で『なんクリ』的世界に継承されたと言えるでしょう。

大衆社会の雰囲気の中で放たれる芳香としての消費主義は商品や流行への尊敬の気持ちを残した、ということになる。消費主義は、自ら何かをつくり、独創を誇るのではなく、ブランド品に接し、物質文明の快適さを知ることによる人格形成だった。そうした消費主義は受動的と言えば受動的、商品の権威主義といえば権威主義ではあるが、生涯にわたるブランド品や流行への畏敬心を生んだ。

しかし両者には相違もあります。『なんクリ』的世界での商品や情報の受容と消費ははかなく消えてゆきます。これに対して、学歴貴族文化として鼻につくところはあるとしても、教養主義における懐疑、自省や理想主義、社会改良主義には大きな意義があります。また読書などによる知の受容と蓄積は、思考や言葉の使用にとっても有益でした。そしてこれは社会に存在した知や勉学、そして言葉を大事にする気風にも通じていました。

7　江戸趣味の消滅

竹内は明治以降のサブカルチャーを、西欧文化志向の強弱と武士・農民文化／町人文化の組み合わせによって、次のように分類しています（図1参照）。

武士・農民文化は勤勉とまじめを価値とし、禁欲倫理に基づく質素で硬い文化です（竹内二〇〇三、一七九—一八〇頁）。軍人は修養主義の住人です。そして修養主義から分離した教養主義にもまたこうした血が流れています。一方これと対立するのが、現実や必要性に距離をおき、柔らかく贅沢で遊び心がある町人文化です（同、一七九頁）。その中でハイカラは、西欧文化への志向が強いという点で教養主義と共通しつつも、刻苦勉励的エートスは弱く、洗練されています。『なんクリ』的世界の住人たちは、その末裔の大衆化版とも言えるでしょう。

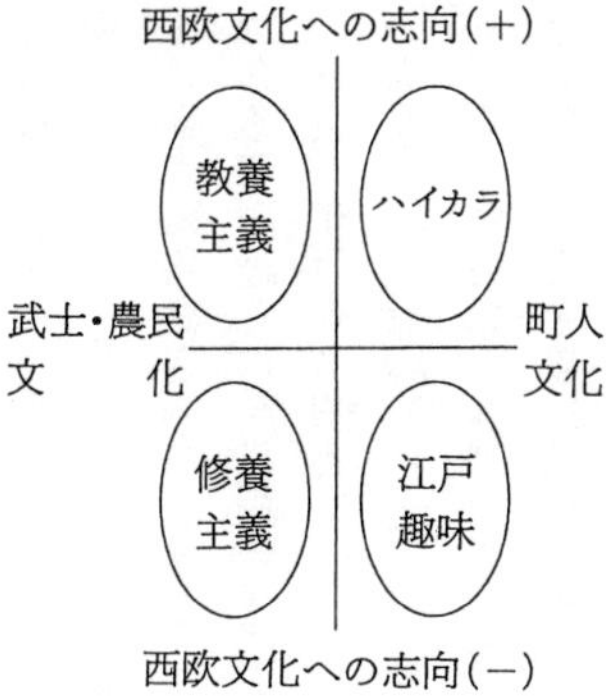

図1　（竹内 2003、179頁）

これらに対して江戸趣味は「浮世絵や狂歌、歌舞音曲など江戸人の趣味や嗜好、江戸人が愛《め》でた事物を反復する志向と行為」(同、一八〇頁)です。これは「岩波書店を中心にした上昇的インテリの教養主義」(同、一八一頁)の対極であり、「教養主義のもっとも遠くにある」(同、一八〇頁)ものです。永井荷風に象徴されるこうした「都市知識人の『くずれ』や『やつし』の文化」(同、一八一頁)である江戸趣味に今日相当するものは何でしょうか。筆者の見るところでは、ほぼ絶滅です。

森毅は江戸への関心について、「実際に、ちょっと江戸に凝ってみれば、『日本的』と思われているものの大部分が、明治以降に属することに気づく。〔…〕／それゆえ、永井荷風も石川淳も、決して日本主義者にならなかった」(森、二四〇頁)と述べています。こうした点で江戸趣味は野暮な武士・農民文化を相対化する防波堤としての役割も果たしていたと言えるでしょう。戦時中に中学生で、仲間と共に寄席に通い、自らも真似して落語を演じていた小沢昭一は次のように回想しています。

〔…〕、左楽の『宮戸川』や、文治の『夜桜』や、遊三の『三人片輪』を聴いて、遠く江戸の人情や吉原の風俗に、想いをはせ、あこがれた。軍国主義一点張りの教育をうけ、「一億一心火の玉」の「決戦体制下」にある少年の心に、お女郎買いの噺は、人間性(?)について教えるところ多大なるものがあった。(小沢、一二七頁)

あの頃は、あらゆる芸能が軍国調一色に塗りつぶされて、映画も芝居も歌謡曲も浪花節も漫才も、紙芝居までもが「大政翼賛」「戦意高揚」であった。

しかしその中で落語だけが「国策」でも「忠君愛国」でもなかった。〔…〕落語国の主役はあいも変わらず、ノンキな熊さん、ダラシノナイ八ッつあんで、横町の隠居も別に軍国主義を長屋の衆に説かない。〔…〕つまりあの当時戦争に関わりのない世界が存在したのは、落語の中だけではなかったろうか。だから私は、そんな落語を愛して、あの「燈火管制下」せっせと寄席に通うことによって、「戦後」への準備を、覚えず知らず、しかし着々と、していたように思われる。（同、一二二頁）

田中の警告にもかかわらず、「量の拡大」志向は相も変わらず続いています。このところはさらに遊び心を欠いた価値一元化や万物の数値化、商業化による〈稼ぐ力〉礼讃やコスパ万能主義が蔓延し、日本主義も昂進しています。こうした野暮な流れの一因は、明治以降の近代化の対極にある江戸趣味という〈異物〉、すなわち近代社会を相対化する自前の規範を失ったことにもあると言えるでしょう。〈保守〉が本来の伝統的世界である明治維新以前の日本ではなく、近代化の産物である大日本帝国体制志向や戦後の対米隷従路線、新自由主義志向などを指して使われるという倒錯もまたその結果です。こうした点で、近代日本との決別とも言える「量の拡大から質の充実へ」という転換にとって、江戸趣味が示唆するところは貴重です。

第5章　高校までの学校と入学歴社会

学校教育は、勉学と、勉学／能力観の形成や子供の社会化を通じて言葉の使用にも大きな影響を及ぼしています。本章ではこれらについて考えることにします。

1　勉学の目的と学力・知力・垂直的序列化

大学入学までの教育は初等教育（小学校）と中等教育（中学校と高等学校）に分けられ、前者に学ぶ者は「児童」、後者では「生徒」と呼ばれます。これらの学校で行う「勉強」（第6章1参照）は、年齢や発達段階に応じた違いがあるだけです。そこで学ぶのは読み書きや四則演算などの「すでにある知識」（宮野、五三頁）で、これらは社会生活にとって非常に重要です。このことは年配になってから夜間中学に通う人がいることにも見て取れます。しかし実際には児童・生徒のみならず親の関心もまた次の①より②に向かいがちです。

①　内容を身に付けるため
②　試験や成績のため

もとより両者はそれほど明快に分けられるものでもありません。①によって②がうまくゆき、②が①を助けるということもあります。しかし②は本来は習得度や実力などを調べ、①を支援、促進するための教育技術上の装置に過ぎません。したがって①がなければ②は存在しないはずで、勉学のそもそもの目的は①のはずです。

しかし本田由紀は二〇一五年のＰＩＳＡ（国際学習到達度調査）の結果に基づき、日本は「『試験不安』は高いが『学習への動機づけ』は非常に低い国の一つです」（本田ｂ、一〇六頁）としています。このことを考えると、同調査などの国際比較試験で示される日本の生徒の良好な成績は、勉学内容自体よりも、試験に動機付けられてのものと言えるでしょう。このことは生徒の学習動機を入試圧力に頼ってきた高校の教育現場が、近年の大学入試の容易化で指導に困っているという話からも窺えます。これは②の過剰による①の貧困であり、学習の形骸化と共に、勉学や自己研鑽に無関心な大人の増加とそのような社会を招きます。

上のような問題について考えるに先立って、〈学力〉と〈知力〉の区別について述べておきます。本田は学力を「主に知的で汎用的な学校的『能力』」（同ａ、二〇頁）としています。本書もこれに倣い、学力とは学校や授業と密接に結び付き、「勉強という種目」（清水、三五頁）において「学習したことをよく修得してテストでいい点が取れる」（同、三三頁）という限定的な知的能力を指すものとします。これに対して知力とは、「学力がそのまま知力ではない。知力というのは、すべてを総合した上での能力」（同、三五頁）とします。これはすなわち「学力は知力の一部分ではあるが、知力とイコールなのではない」（同）ということです。

こうした考えに立つと、次のような疑問が生まれます：学力なんて、学習したことをよく修得してテストでいい点が取れる、というだけのことなんですけど。そのいい点が取れる子は、知力が高いんでしょうか（同、二三頁）。これは人によりけりでしょう。しかし高得点者が必ずしも知力が高いとは限らないことだけは確かで、〈高学力／高知力〉、〈高学力／低知力〉、〈低学力／高知力〉、〈低学力／低知力〉といった可能性が考えられます。いずれにせよ学校や成績は内容習得のための手段に過ぎません。したがって勉学の最終的目的は知力の向上であり、学力が高く、成績が良ければそれでよいというものではありません。

　しかし今日の学校と社会ではしばしばこれが倒錯し、学力の自己目的化による「垂直的序列化」（本田a、二〇頁）が蔓延しています。これは生徒に対して「相対的で一元的な『能力』に基づく選抜・選別・格づけ」（同）を行うことです。遠山啓は「広い意味では教育が人間の能力をのばすということは正しい。〔…〕その能力を直線的に序列づける点が問題なのである」（遠山、一九頁）として次のように述べています：

> 人間はひとりひとりがみな質的に異なった存在であり、したがって、比較不可能・序列不可能だと私は考えている。その不可能なこと、つまり、序列化をむりやりに行おうとするやり方を、私は「序列主義」と名づけて、それに反対しているのである（同）。

「序列主義」の象徴が偏差値です。これは周知のように、ある試験の受験者の中で、各自が獲得した得点の相対的位置付けに過ぎません。したがって偏差値五〇の人の絶対的学力や知力（それらの具体的な中身〉が六〇のそれを上回ることもあり得ます。それにもかかわらずこうした数値が近年は独り歩きし、一種の身分標識化さえしているところにまず問題があります。

そして垂直的序列化に付随して起こるのが勉学内容の「学校課題」化です。これが勉学内容への興味や関心を育てる代わりに〈試験不安は高いが、学習への動機付けは非常に低い〉という事態を生みます。

ここで学校課題というのは、それをうまく解いたとしても本来何の意味もない課題、学習者にとって内発的に興味をひくものでもないし、それを解いたことが他の人々に役に立つ、といった社会的な意義をもつものでもない、しかし序列化の基盤として使われるために取り組むことが「強制」される、といった意味である。（波多野（他）、一三八頁）

近年はＰＩＳＡなどでの日本の順位や、文科省が行う「全国学力・学習状況調査」での〈県別学力ランキング〉などがマスコミで報じられ、人々の関心を集めています。しかし学力と知力の違いを考えるならば、本来問題とすべきなのは、学力番付の上下などではなく、知力の中身がどうなのかということです。

2　学歴社会と受験／入学歴社会

それでは試験や成績への過剰な関心はなぜ、どのようにして生まれたのでしょうか。日本の学校教育制度は、明治維新後に近代国家建設政策の一環として、「学問《がくもん》は身を立るの財本《ざいほん》《もとで》」（文部省、一二頁）という実利主義、功利主義を基本に置いて創設されました。その後学校体系が整備されると共に、明治二〇年代以降は官吏や軍人としての立身出世は「試験と学歴の順路の時代」（竹内 一九九一、五六頁）を迎え、明治三〇年代の半ばには高等学校などの官立学校の入試が激化します（同、七六―七九頁）。まさに立身出世をめぐる「近代日本のロマンと欲望」（竹内 一九九七の卓抜な副題）の世界です。学歴がこのように社会経済的地位の達成において機能的価値を持つ場を竹内は、「学歴社会I」（同 一九九六、九〇頁）としています（図2参照）。

しかしその一方で、日露戦争の頃から「学士就職難」が社会問題化し、職を得ても以前のような急速な昇進と昇給は望めなくなります（同 一九九七、一一八―一三五頁）。それでも高等教育志願者は増加を続けました。その理由の一つとして考えられるのが、西洋文明に関する実務的知識・能力の証明であった学歴の価値が「人々の『まなざし』のなかで、『人間としての基本的価値が高い』」ことや『社会的毛なみの良いこと』、『貴種』であること」（同 一九九六、八九頁）へと拡大されたことです。これには武士などの属性主義的エリートが、高等教育を経た業績主義的エリートによって置き換えられたことも関係し、教養主義にもつながっています。

竹内は学歴のこのような価値を「象徴的価値Ⅰ」、その場を「学歴社会Ⅱ」（同、九一頁）としています（図2参照）。こうして学歴の価値が機能性から象徴性へと移行し、高学歴者が一種の文化貴族ないしは貴種階級化するに伴い、学歴は人間の価値を表わす記号として独り歩きを始めます。これに伴って、明治三〇年代にはすでに「『何にでも這入りさへすれば主義』」（同 一九九一、七九頁）という言葉があったように、人々の関心は勉学内容から入学試験と合格法へと移行します。

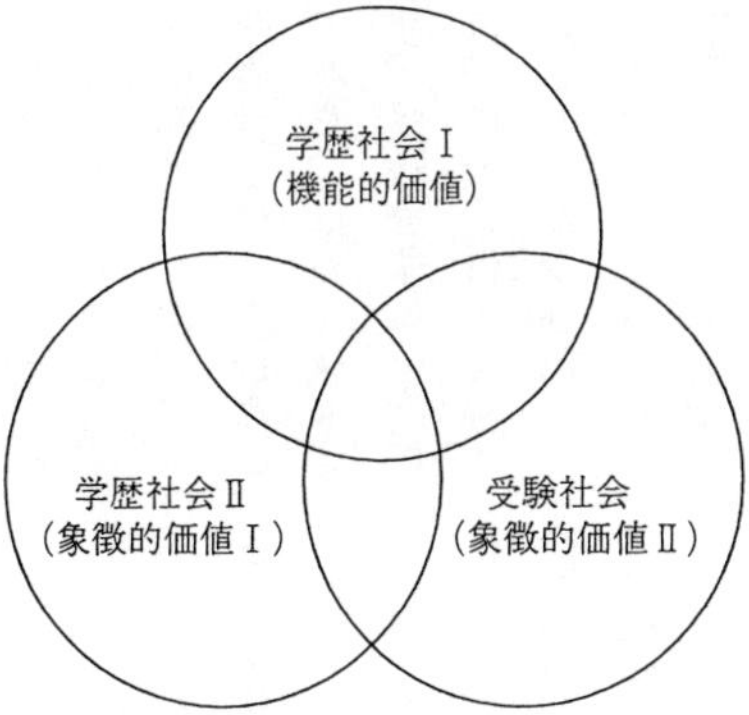

図2　受験戦争過熱の構造（竹内 1996、91頁）

しかし受験競争にとってさらに強力に作動してきたのが「日本社会における受験システムの自律化／自己準拠化のメカニズム」（同 一九九六、九〇頁）です。竹内はこれによって「偏差値やわずかな学校ランクが受験競争の誘因になってしまう」（同、九一頁）、そして「学校ランクや偏差値ランクがそれ自体として競争の報酬になり意味の根拠となってしまう」場を「『受験社会』」（同、九〇頁）、そこに生まれる価値を「象徴的価値Ⅱ」（同、九一頁）としています（図2参照）。

周知のように、日本は諸外国と比べても学歴による賃金や処遇の格差はさほど大きくなく、大卒者はもはや貴種などではありません。また今日は大学の増設と少子化によって入学定員に余裕があり、推薦入試やAO入試、内部進学などによる入学者が増えています。それにもかかわらず、受験競争は一向になくならず、近年は有名校の付属校に関心が集まるなどしています。これは相撲の番付のようにすべての学校や大学が偏差値によって細かく序列化されており、〈どこに入るか〉が受験にとって最大の関心事だからにほかなりません。〈高学歴のお笑い芸人〉という言葉に見られるように、〈高学歴〉が難関大学在籍／出身を指すという意味の変容現象はこれを象徴しています。こうして入口が大きな関心を集めるのに対して、日本の大学では、一例として二〇一七年の四年制の場合、中退率が七・二％（読売新聞教育ネットワーク事務局、一三頁）と諸外国に比べて低く、卒業が容易なこともあって、出口が話題に上ることはほとんどありません。これらのことも考え合わせれば、日本は受験社会であるばかりか国内限定のお約束に基づく〈入学歴社会〉でもあり、これはともすれば大学での勉学の空洞化を招きます。

3　選抜と能力

「学校秀才がテスト上手なだけだ、というのは無理があるだろう」（波多野（他）、一四三頁）というのは当然です。しかし〈勝てば官軍〉ということもあります。

メリトクラシーが前提とする能力は危ういコンセプトである。能力があるから選抜で選ばれるというよりも、試験や選抜で選ばれる者が能力あるとみなされる。能力は選抜によって構成される現実である。したがってメリトクラシーは能力についての虚構から成り立っている。（竹内　一九九六、二四四頁）

TOEFLなどの点数は低いものの、外国語が上手に使いこなせる人がいる一方、高得点でも実際の使用に難がある人の話はよく耳にします。重要なのは点数という形式と実力のどちらでしょうか。得点力と研究や仕事の能力について次のような意見もあります。

皮肉なことであるが、本来はアカデミックな研究者を養成するための学校のカリキュラムであるにもかかわらず、それを学び取る受験勉強を通して育まれるマインドセットは、研究者のそれとは真逆のものとなってしまう。それゆえに、高校生の模試でトップクラスだった受験秀才の多くが、大学、大学院と進むにつれ、研究者としてはパッとしなくなってしまうことがよくある。〔…〕こうした与えられた知識を盲目的に覚えていけば勝てる受験勉強で培ってしまった学問への姿勢、ある種の知性観といったものは、大学に入学したらすこしずつアンラーンしていく必要がある。日本の受験勉強に有利なマインドセットは、何か新しいことをやらないといけない研究者としてはもちろん、ビジネスでも成功を阻むことがよくある。

（藤沢、八八頁）

大学教育学会のシンポジウムで予備校の数学の先生から次のような話を聞いたことがあります：かつては一つの問題に対していろいろな解き方をして見せて、最後に「一番エレガントなのはこれだ！」とやると教室中が拍手喝采で、「先生スゴ〜イ！　自分ももっと数学を学ぼう」という生徒が出てきた。しかし昨今これは不評で、「いろいろな解き方は必要ありません。一番簡単なのを一つだけ教えてくれればそれで結構です」という生徒が多い。

得点という点からは、多くの解法を知っていようが、一つしか知らなくとも同じかもしれません。しかし成績の網にはかからない数学への関心の広がりや深さ、発展性なども含めた総合的実力という点では前者の方が上であることは確かでしょう。そしてこれは、数学をよく使うような分野に進学した場合のみならず、そうではない分野や生活でも潜在的知力として働くはずです。

受験科目は諸教科の一部に過ぎず、出題範囲も文科省によって定められ、問題は必ず一つの〈正解〉があるように作られています。したがって入試とはいわば閉じた闘技場の中での相対的得点競争、平たく言えば〈点取りゴッコによる椅子取りゲーム〉と言えるでしょう。そしてこれは試験の主宰者にも跳ね返り、〈試験の自律化／自己準拠化〉を生むこともあります。

英語を母語とするガリーは、二〇一九年のセンター試験の第一問Aの問三（四語の中から0の発音が異なる一語を選ばせる問題）では正解が分からなかったとしています（ガリー、九一－九二頁）。その理由は彼にはどれも同じだからの由で（同）、次のように述べています：少なくとも自然言語である英語については試験で実際に測れる能力はごく限られている。英語は世界で十億人以上に話され、地域、階級、職業、宗教などによってそれぞれの英語が違う。その無数のバリエーションから「正しい」英語を特定できる人はいない。「正解」を必要とする試験には、どうしても試験のために限定された英語、無理に歪められた英語が採用されることになる（同、一一〇頁）。

また「発音能力を四択の試験で評価しようとすることには大きな問題がある。〔…〕測りたいことの理想と測られていることとの実際との間のギャップが大きすぎるのだ」（同、九九頁）という指摘は、広く能力測定全般に該当する原理的、本質的問題です。そこで試験問題の工夫や試験の公平性・平等性の保証には限界があります。さらに情報処理技術を駆使した試験対策も巧緻化しています。したがって試験というゲームでの点数の高さは、適応力や対策の巧拙などによっても左右され、必ずしも絶対的学力や知的能力を正確に示しているわけではありません。また大学入学共通テストの問題量が増えていること（朝日、二〇二三年一月一五日・同、二〇二一年一月一七日）

も気になります。これは映像作品などを早送りで見ることが特に若い世代で広まっている（稲田、一三一―一八頁）ことにも窺われるように、若者の単位時間あたりの情報処理能力が上がっている節があること（同、二六九―二七三頁）と関係するのかもしれません。しかし速さを競う試験は情報取得の反射神経競争と化し、学力や知力の測定にとって邪道です。

そしてこうした試験が何よりも罪作りなのは、少数の〈勝者〉の背後に、無数の「落ちこぼい」（遠山、一〇頁）を構造的に作り出し、多くの若者に故なき挫折感や劣等感を植え付けていることです。これは旧軍における将兵の消耗品扱い（第7章7参照）や今日の非正規雇用などでの人の使い捨て同様に、未来を担う貴重な若者の破壊行為です。そしてこれは入試圧力低下によって高校生の学習意欲が全般的に減退する中で、〈勝者〉においては根拠なき自信による慢心、〈敗者〉においては劣等感や無力感から、いずれも知力の育成をさらに遠ざけます。これには言葉への注意や関心も含まれ、社会にとって大きな損失です。こうした点から、今日の教育に何よりも必要なのは選別の早期化や厳密化とは逆に、多くを救い、育て上げる努力です。

4 「溜め込み型学習」と受験芸

日本の中等教育や受験勉強はどのように行われているのでしょうか。明治時代から続く入学試験と勉学法について竹内は次のように述べています。

試験はどんな場合でも受験者に「預金型」学習を強いる。「預金型」学習とはつぎのようなものだ。知識はすでにパッケィジとして存在している。その知識が実際に何を意味するかなどは知る必要がない。従順に入れものを一杯にし、預金を蓄えようとする学習である。ひたすら暗記し、反復する学習モデルが預金型学習である。預金型学習モデルは、なんらかの程度で試験のあるところどの社会にも見られる。日本の試験だけが特別というわけではないが、日本の入学試験は純粋型に近い預金型（溜め込み型）学習を必要とした。

（竹内　一九九一、一〇六―一〇七頁）

近年はこうした問題点に対して、教科横断型問題や考える力を問う問題の導入など改善の努力が払われています。しかし日本の学校では依然として、多数の生徒に向けて教員が話し、生徒はこれを聞く講義型一斉授業が主流であり、〈覚える〉が勉強の代名詞です。このことが物語るように、溜め込み型学習は今日もなお勉学の基本型であると言えるでしょう。

日本では固定された制約や条件のもとで技や芸を磨き上げる修行や生き方が広く尊重され、行われてきました。日本の職人の技術力の高さなどはこれによるところが大きいと言えるでしょう。しかし「この『術・芸』絶対化の世界に生きていると、この『術・芸』が、それを成り立たせている外部的制約が変わっても、同様の絶対性を発揮しうるかの如き錯覚を、人びとに抱かすのである」（山本 二〇〇四、一八一頁）という事態が起こってきます。こうした点で受験勉強は、旧式な兵器や戦法はそのままに、その枠内での戦技のひたすらな錬磨と熟達によって戦力強化を図った日本軍の猛訓練と通底しています。片や戦闘芸、片や得点芸です。

練兵場という言葉がある。いわば兵を練って練って練りあげて、武芸ならぬ〃銃芸〃の達人にしようというわけである。または歩兵には「朝稽古《げいこ》・冬稽古」という、絶えまなき銃剣術の練習があった。この方法を徹底的に推し進めれば、三八式歩兵銃の宮本武蔵が出現しても不思議ではない。

ただその〃芸〃はかつて「飛道具は卑怯《ひきょう》」として制約された世界でしか成立しなかったごとく、「重砲群・攻撃機・戦車は卑怯」として制約される世界でないと成り立たない。

（同、一八五―一八六頁）

「朝稽古・冬稽古」は授業前の〈朝練〉や〈寒稽古〉を彷彿とさせ、制服と髪型や靴下の色などまでにわたる煩瑣な校則や、時間に追われる日課のもとで行われる中等教育は、何やら第7章で取り上げるかつての軍学校のようで、さしずめ現代の練兵場とも言えるでしょう。ある親の声はこうした事情を物語っています：「学校も塾も部活も、子どもたちにカツカツまでやることを求めてくる。睡眠はおろか、ぼんやりする時間もない。忙しすぎて、この時期に必要な時間の過ごし方ができていないように感じます」（朝日、二〇二三年二月五日）。

こうした〈学校の過剰〉は、軍学校同様に、生徒が自ら考え、学び、行動する能力の貧困を招きます。また学校でのいじめや自殺なども生徒のこうした学校への囲い込みと深くかかわっており、その多くは、学校における教育や指導の不足というよりも、むしろ過剰による一種の酸欠と栄養失調の現れだと思います（終章参照）。これに対して必要なのは学校教育の相対化であり、読書や新聞・百科事典覗き、あるいは〈はしがき〉に述べたように、気になることはその都度調べるといった学校や授業を離れての自主的勉学や行動です。授業で読む文章量は僅かです。これに対して教室外でのこうした積み重ねは〈塵も積もれば……〉で知識と共に言葉もまた育てます。

上の親の声にあるような他律・鍛錬主義は中等教育のみならず、長時間労働、困難な条件化での仕事と子育ての両立、炎天下の高校野球など日本社会に広く見られるばかりか、賞賛される場合さえあります。その背後にあるのは「軍隊では一切の合理性が不法とされていた。苦労しないで一人前になれるかという、あの日本的修練の精神が支配的であった」（野口冨士男、九二頁）ことがかつての軍隊のみならず、今日の社会にも生き続けているという問題です。その象徴が日々日本中に飛び交う〈がんばれ！／がんばる！〉です。それにしても問題の改善を考えるよりも、これに耐えることを美徳として教育するというのは不思議な社会です。もっとも、先輩団員によるパワハラによって後輩団員が自殺した宝塚歌劇団の一件などに見られるように、最近はやや風向きが変わってはきましたが。

日本の受験競争には、この〈ガンバリズム〉という問題も関係しています。竹内は、子供に『勉強しなさい』」と言う場合、それは単に〈学習せよ〉と言っているのではなく「ひたすらな努力と勤勉を要求している」のであり、「伝達されているのは勤勉のエートスであり、また努力すれば成績がよくなるという因果関係をも伝達している」としています（竹内 一九九六、九八頁）。これに「受験システムの自律化／自己準拠化」が加わることによって、〈少しがんばれば少し〈《上の学校》〉に手が届く〉という意識が生まれ、これがすべての学力層に対して果てしない圧力として作用します（同、九六―一〇〇頁）。

こうして受験生の関心は〈少し上を目指すガンバリ〉に集中し、何のために進学し、何をどのように学ぶかという肝心の問題が視野から消失します。その結果が「学力評価の手段である試験が逆に目的と化し、学問はその試験突破の手段となる」（山本 二〇〇四、一八七頁）という本章1の①と②の倒錯です。第3章7の池内の言葉をもじって言えば、〈これほどどこに入るかに熱心でありながら、これほど入学後の勉学に熱心でない国はめずらしい〉と言えるでしょう。

5 刷り込まれる勉学／能力観

次章に述べるように、大学は高校までの学校とは本来似て非なるところです。それにもかからわらず、「溜め込み型学習」と受験術／芸によって錬磨され、刷込まれた学力や勉学観／能力観は大学に持ち越され、問題を生みます（終章参照）。

まず学力面では、数少ない受験科目への学習の集中による、非受験科目の貧弱化が挙げられます。また受験科目についても、「たとえ理系科目であっても、一教科に十分な時間が費やせるので、本来、能率が悪いはずの丸暗記という方法によって修得することが可能になってしまう」（西村、二〇頁）といったこともあります。その結果、学習された知識は往々にしてバラバラの島宇宙化しがちです。得点はこれでできても、知識を有効に活用するためには「構造化された知識」、すなわち「多くの個別的知識が、それぞれの多様な接続用知識を介して、1つまたは複数の共通の法則的知識と結びついて有機的な形態をしてい」る必要があります（西林、一一五頁）。

鈴木徹は地理・歴史における「因果関係に対する無関心は、原因と結果の乖離であり、事件・事象の意味に対する無関心は、自己と社会あるいは自己と歴史の結びつきを意識できない、すなわち〔…〕、自己と外界との乖離を示している」（鈴木徹、三三頁）としています。同氏はまた理科について、「自然体験の欠落も、〔…〕、つまり自己と自然の分断化を示している。個々の知識や情報は、生徒たちの頭の中で孤立してしまっており構造化されていない、あるいはそれらが自己という存在を核として統合されていない（自我関与の欠落）」（同）ことを指摘しています。さらに同氏は「英・国に共通してみられる語彙力などの低下は、知識相互の関連という意識が薄れた結果生じた大きな記憶負荷に村する拒否反応ではないだろうか。つまり知識を構造化できない生徒たちにとっては覚えることが非常に億劫なのである」（同）と述べています。こうした点で受験型知識や学力は大学や社会での勉学や仕事などにとって適合的ではありません。

勉学観での問題については、浅野は「学生たちが、小中高校時代にたたきこまれてきた次のようなイメージをもって授業に出てきている」（浅野、五頁）としています。

★授業は教師や教科書が提示するものを習得・習熟することが基本であり、学生が自分で知りたいことや解明したいことを明らかにする場ではない。

★学ぶことの意味がわからなくても、どう役にたつのかわからなくても、現実との関係がわからなくても、教師が提示したものをともかく習得しなければならない。

★授業においては、一つの正しいことがあり、いろいろ正しい答えがあるというものではない。一つの正しいもの以外の異なったものは、否定排除される。

（同、五—六頁　五項目中三項目のみ引用）

こうした勉学内容の「学校課題」化と「貯めこみ型学習」による学力構造や勉学観が大学教育に及ぼす負の影響について、浅野は次のように述べています。

というのは、受験戦争をかいくぐった新大学生たちは、与えられた知識をそのまま受容することに習熟しているが、自分で問題設定し、知識・概念・法則などを探究し、創造していくという「自分選択ヲ以テ学業ヲ専攻スル」ということがほとんどできなくなっているということである。受験戦争の激化ゆえに、受験学力は向上したかもしれないが、受身的な学習態度ゆえに大学教育についていけない、という学力構造・学習姿勢がつくりあげられてしまったのである。（同、一四二頁）

これらの結果が「高等教育の『学校化』」と「『生徒化した学習態度』」（耳塚、三五頁）であり、大学は自ら行った入試で選別した学生の〈リハビリ〉に追われるという皮肉な事態です。

6　対話型授業への転換

日本の学校文化を象徴する言葉は、〈聞く〉と〈覚える〉、〈解く〉だと思います。前二者については上に述べたとおりです。〈解く〉については、もつれた紐をほどく場合のことを考えてみてください。どんなに複雑にもつれていても、いつか必ず解けます。〈宝探し〉に例えてもよいでしょう。どんなに見つけにくく隠してあっても、宝＝正解があることが宝探しというゲームの前提です。しかし大学や社会の課題は必ず解けるわけではなく、むしろ正解がないのが普通です。それではどうすればよいでしょうか。筆者の提案を言えば、初等教育ととりわけ中等教育を教員中心の一斉授業から、教員と学習者、学習者同士の対話を基調とする〈ゼミ〉のような対話型授業に転換することです。理由は次のとおりです。

学習効果

大学での勉学や社会での仕事は、「『これは国語の問題、これは数学の問題、これは科学の問題』というようにきっちりと分けることができないという特性を持っている」（赤堀、二頁）と言えます。むしろ逆に、を教科や科目に分けて、その詳細が問われるような場は学校の試験くらいしかありません。そこで広く知識を構造化するためには、各教科や科目の枠内で教員が一方的に知識を与え、学習者はこれを聞き、覚え、解くばかりの授業では不十分です。本書では立ち入りませんが、知識の記憶・定着・想起という点だけ見ても、講義型よりも学習者自身が調べ、考え、話し、書くなどの諸活動を組み込んだ授業の方が効果的です。

国際比較などから見て、日本の中等教育はうまくいっているという反論があるかと思います。しかしこれは上に見たように、得点を見てのことであり、内発的な学習動機や自立的学習というところまで踏み込むと、事態は決して楽観できません。むしろ生涯にわたる知への関心や勉学にとって重要なのはこちらです。本田は「日本の教員たちは授業をうまく行うことにはかなり長《た》けており、それによって日本の生徒は国際学力調査で高い成績を示すことができていると考えられます」（本田b、一一三—一一四頁）として日本の教員と授業を次のように評しています。

つまり、日本の教員が生徒に対して行う授業は、うまく統率できていたり、生徒全般の理解を助けるような説明をしてくれたりもする。しかし、その教科に関するこの「私」の長所やつまずきを教えてくれたり対処してくれたりはしない、ということです。日本の授業は、まるで劇場で教員という俳優が演じているかのようで、その演技は相当に練り上げられています。しかし、その場にいる生徒は**まるで観客のように**集団としてひとまとめに扱われていて、個々の生徒の学習の状況について、細かくフォローしてくれてはいないことが見えてきます。

（同、一一一―一一二頁　太字原口）

多数の生徒を相手に日々教室で奮闘している教員諸氏には失礼ながら、これもまた〈授業の宮本武蔵〉を追求するような〈一定制約下での技・芸の錬磨〉の一つと言えるでしょう。しかし練度を上げる前に重要なのが方向とその方法が理に適っているかどうかです。そのためには授業の目的と目標、そしてその方法について再検討し、授業を再設計する必要があります。その土台となるのが認知構造や知識、学習、記憶などに関する各種の研究成果や知見です。

知の使用形態と話す・書く能力

「大学入学共通テスト」がマークシート方式で行われることが象徴するように、口頭試問や記述式の試験は今日むしろ少数派でしょう。こうしたこともあって偏差値や入学歴に意見形成や話す、書くの能力が反映されるわけではありません。清水義範の小説「国語入試問題必勝法」はこれについての風刺です：国語が不得意な主人公は、問題の選択肢だけ読んで正解を見分ける方法などを家庭教師に仕込まれて志望校に合格するものの、彼が書く礼状は日本語の体をなしていません。これらのことを考えれば、高偏差値や有名大学在籍／出身だからと言って、必ずしも自分なりの意見を持ち、適切に話し、書けるわけではないのも当然と言えば当然です。

勉学の目的は〈内容を身に付けるため〉だとしました。しかしより正確に言うと、それは難読漢字がたくさん読めたり、クイズ大会で優勝するような**ただの物知りになるためではなく**、**根拠を挙げて自らの意見を組み立て**、**これを適切に話し**、**書けるようになる**ためです。むしろ逆に、〈自分はどう考えるのか〉という意識をもって物事に臨むことによって初めて、本章5の鈴木徹の指摘にもあるように、諸知識や経験などは自我関与のもとに互いに有機的に関連付けられ、生命を吹き込まれます。

知識は一般に他の知識などとも関連させつつ、これを読み、書き、聞き、話すといった形で言葉と共に用いられます。また社会生活の多くは他者との意思疎通によって成り立っています。これらのことを考えれば、日頃から授業の中で知識や他者の意見などを聞き、読むのみならず、これらについて話し、書き、意見を形成することは、知識の適切な使用や社会生活との連続性という点で有益です。それではそのために新たな科目が必要なのでしょうか。あるいはこれは日本語

（国語）、外国語といった言語教育だけの課題でしょうか。筆者はむしろ逆に従来の一般科目の中でこれを行うことに意味があると考えます。

なぜならば、適切な日本語の使用は単なる〈マニュアル〉的な言語技術の問題ではなく、数学や理科、社会といった一般教科の内容や各自の意見形成と不可分だからです。したがってとりわけ話し、書く能力を育成するために必要なのは、一般教科の授業を、児童・生徒自身が話し、書くことを埋め込んだ対話型に転換することです。近年のインターナショナルスクール人気は、外国語の習得という効用以外に、〈聞く・覚える・解く〉型とは異なる形の教育を求めてのことである節も窺えます。

対話型授業は日本になじまないという意見もあります。しかし日本でも小学生、特に中学年くらいから下は健全で、積極的に手を上げて発言します。西洋では中等教育でも同様であることを考えれば、これは年齢や発達によるものではなく、受験の影響と、日本に顕著な〈周りから浮かないように〉という社会的圧力の結果です。小学校から積極的に対話型授業に切り替え、中等教育でもこれを継続することによって、〈目立つ〉ことも目立たなくなるはずです。これはまた外国語教育にとっても、多人数学級をそのままにしての英語教育の早期導入などより有益です。なぜならば、日本語でさえ互いに言葉を交わし、議論する習慣や構えができていない人が、外国語で突然積極的に話し出すとは考えられないからです。

少人数教育

対話型授業は学習者一人ひとりを相手にすると同時に、小グループによる相互学習なども組み込み、構造化された授業全体の設計と実施を必要とします。さらに提出物や試験などもただ点数を付けて終わりではなく、これに基づいた個別的な指導が必要であることから、教員にとって手間暇がかかります。その点で少子化とこれによる入試圧力の低下などは、対話型授業導入にとって有利な条件であると言えるでしょう。

二〇二一年から小学校における一学級の標準児童数の四〇人から三五人への引き下げがようやく始められました。しかし対話型授業の学習者数の上限が二〇人ほどであることを考えれば、〈少人数学級〉化はなお不十分です。しかしそれとは別に、さらに気にかかるのは、少人数化を求める声が多い一方で、これに伴う授業方法の変更などが話題に上らないことです。これは講義型一斉授業が多くの人にとってあまりにも自明だからでしょう。

しかし少人数学級にはそれに相応した授業法があり、これによって初めてその長所が生かされます。対話型授業もその一つです。こうした点についての議論や準備、工夫もなしに、現在の授業法や児童・生徒管理をそのまま少人数学級に適用した場合、逆にまた問題も生むでしょう。その一つとして考えられるのが、個々の学習者に目が届きやすくなる反面、教員からの注視や指導が濃密化することです。その結果これはむしろ監視や管理として作用し、自立の芽を摘むばかりか、逃げ場を奪い、児童・生徒を追い詰めかねません（終章参照）。またこれは一人ひとりへの〈手厚い指導〉によって偏差値競争をかえって助長する可能性もあります。

撤退戦

田中による〈量の拡大〉への警告からほぼ半世紀、人口減少などは現実のものとなっています。世界的にも資源や環境などの点から量の拡大路線は構造的に立ち行かず、これを強行すれば遠からず世界は破綻するでしょう。とりわけ日本は今や衰退途上国です。このことを考えれば、日本に求められるのは、戦後も形を変えて続いた「大日本主義の幻想」（石橋、一〇一―一二二頁）から目覚め、万博も五輪も手放しての撤退戦によって足許を固めることです。量の拡大の時代は各自が勢いに任せて勝手に突撃していれば、結果として全体が拡大しました。しかし撤退戦では第7章3で取り上げる〈チームワーク〉、すなわち互いに調整や連携を図りながら計画的に少しずつ後退してゆく共同作業が求められます。これは急激な崩壊を防止するためにも必要であり、そこで不可欠なのが、日頃から考え、話し、書いて互いに意思疎通を図りながら個々の事態に対処してゆく知恵や習慣といったものです。

これに〈聞く・覚える・解く〉ばかりの勉学はそぐいません。物事が急速に変化する今日と今後の社会はこれまで以上の生涯学習社会です。そこで求められるのは必要に応じて自ら学び続けようとする意志と自立的学習能力です。そのためには「受験システムの自律化／自己準拠化」による「他人本位」ではなく、内容に魅かれての「自己本位」の勉学によって、広く知的能力の形成を図る経験と能力が不可欠です。

入試への提案

以上のような点から、入試についての筆者の提案は、ある程度の学力・知力があると判断される志願者は基本的にそのまま入学させることです。しかし教育条件や収容力から入学者数を限らざるを得ない場合もあるでしょう。そうした場合には、議員をくじ引きで選ぶという方法が検討され、オランダの大学の医学部では一時中断していた抽選制を復活させる（朝日、二〇二四年二月一〇日）などの事例にも鑑みて、くじ引きをこれに加えるのも一法かと思います。

西岡は職人としての適性について次のように述べています。

穴をうがたせても、ピカッと光るような人と、じゃぎじゃぎの穴しか掘れない人もいます。器用、不器用というのがあるんです。初め器用な人はどんどん前へ進んでいくんですが、本当のものをつかまないうちに進んでしまうこともあるわけです。だけれども不器用な人は、とことんやらないと得心ができない。こんな人が大器晩成ですな。頭が切れたり、器用な人より、ちょっと鈍感で誠実な人の方がよろしいですな。（西岡、一五六頁）

このこともまた、能力評価は観点や方法によって左右され、何でも速ければよいというものではないことを示しています。企業の研修などが〈すぐ役に立つ〉ことを目的とするのに対して、教育の目的は長期的観点での人づくりにあります。こうしたことを考えるならば、要は入口を厳格化するよりも、まずはやってみる場を与えることです。とはいえそれでもついてゆけない、挫折する者が当然出ます。しかしその結果として、学校や大学は入りさえすればよいというものではないことについて人々が広く納得すれば、入学歴競争も落ち着くところに落ち着くと思います。

第6章　大学

1　大学というところ

高等教育機関である大学は、初・中等教育とは勉学の性質を異にします。宮野公樹は大学での「学問は『問い』から学ぶことだと思うんです」（宮野、五三頁）としています。同氏は高校生向けに太字部分の文章（原著太字）を書いたとし、これに続けて次のように述べています。

> 　**現役高校生のあなたがしている「勉強」と、大学でする「学問」とはまったく性格が異なります。一言で言うなら、問題を解くという作業と問題を生むという営みの違いです。**〔…〕、その違いは答えがあるかないか、にあります。勉強では答え（＝正解）のある問題を解くが、学問では答えがない問題を生む。／答えがない問題は、問題として不適当であり問題として成立していないとも言えます。／しかし、〝人生における決断〟に答えがないように、答えや正解がない問題も多々あります。多々あるというより、我々の生き死ににおいてすべてが答えのない問いであり、その全体のなかから個別で完結する問題を作ったものが、勉強における問題、と言うほうが正しいでしょう。臼《うす》から引き上げた大きな餅《もち》を小さく引きちぎって、食べられる問題にしているのです。食べられるように小さくしている

のだから、そりゃあ食べることができます。（同、八四―八五頁）

こうした考えに基づいて宮野は「本来的に言うなら、**大学は『学ぶ』ところではなく、『考える』ところなのです**」（同、七六頁　太字原口）としています。社会人受講生に関連して宮野は次のようにも述べています。これは一般の学生にも該当することです。

〔…〕大学に来たときは会社のことを一切忘れることが、いちばん会社に貢献することです。／〔…〕／大学に来たからには学問にどっぷり浸り、永遠なる視点を獲得し、現状の会社を一歩横から考える思考を持てる精神を身につけたほうが、より本質的に会社に貢献することだと思うのです。しかし実はそれは、身につけるものではなく、「**宿す**」ものなのですけどね。

とにかく言いたいのは、とってつけられる情報のような知識を持って帰っても仕方がないということを言いたいのです。会社のためではなく自分のため。そう思ってがんばったほうが断然会社のためになると言いたいのです。（同、四一頁　太字原口）

要は大学での勉学の目的は知識の単なる集積ではなく、短期的な効用追求とは一線を画すものだということです。また大学では、授業に出席していればすべて教えてもらえるというわけではなく、授業で扱うのは飛び石状の要点のようなもので、これらを繋ぎ、隙間を埋めるのは学生自身の仕事です。そのためには授業を離れての広範な読書なども必要です。とりわけ文系の勉学の基本は、自分で本を読むなどして考えるという自学自習です。こうした点で大学は、自ら問いを仕込んで発酵させ、何かを各自の身に宿らせる醸造所に例えられるかと思います。

あるいは高校までの学校は食堂に例えられるかもしれません。そこでは〈すでにでき上った料理〉を教員が順番など考えて給仕してくれます。生徒は基本的にこれをこなしていればよいのです。これに対して大学は料理教室のようなものです。目の前にあるのは大根や魚、塩といった素材です。自ら研究者でもある教員の役目は、これらを使って調理の手順や方法、注意点などを自らやって見せながら学生に体験させることです。自分で料理が作れるように料理教室に通うのと同様に、大学に通うのも一人立ちして考えられるようになるためです。その中心にあるのが研究です。藤沢は研究と高校までの勉学や受験勉強との違いについて次のように述べています。

研究ではこれまで誰もやったことがないことをやらないといけない。何か面白いまだ誰もやったことがない問題を見つけて、それを解いていかないといけない。〔…〕一方で、受験勉強では、先生の言うことや教科書に書いてあることは疑ってはいけないし、疑う必要もない。なぜならば先生の言うことやテキストに書いてあることはすべて正しいことだし、それらをしっかり理解し、重要な知識を覚えて、何も見ずにちゃんと使いこなせるかを測るペーパーテストで、大学入試の合否が決定されるからである。受験勉強では、これまで誰も考えたことがない切り口で分析する、すでにある常識を批判的に検証する、自分の視点で新たな問題を提起する、などといった研究者にとってとても大切なことはまったく必要ないどころか、こうした余分なことを考えている方がむしろ受験勉強の効率は落ちるのである。（藤沢、八六―八七頁）

今日の日本の教育や受験勉強で何よりも問題なのは、上の〈教員や教科書は正しく、疑ってはならず、これをいかに習得するかが重要〉という考え方だと思います。山本平弥は教科書に対する海軍兵学校生徒の「信頼よりも信仰に近い過信ぶりにあきれ果てて」（山本平弥、二二七頁）次のように述べています：教科書への過信は、やがて戦技はもちろん戦術、戦略への過信となり、ついに海軍自体の復元力が喪失しつつあることに気づかなくなったのであろう（同、二二八頁）。これは「海軍」を〈日本〉に置き換えれば、今日にも該当します。こうした点で日本軍を支配していた「『すべての批判は許さず』といった空気」（三根生、五九頁）や自由闊達な議論の欠如（戸部（他）、三二七頁）は、今日にもなお連続していると言えるでしょう（第７章２、終章参照）。

大学に学ぶ者は「学生」です。しかし近年は〈生徒〉と称することが当の大学生のみならず、社会の側にもしばしば見られます。しかし〈生徒〉は中等教育在籍者に対する呼称です。したがってこれは言葉の正確な使用という点でまず誤りです。しかしそれよりも重要なのは、二つの言葉の背後にある上のような違いです。これを意識化するためにも、大学生はぜひ誇りと自信をもって〈学生〉と自称してください。

2　外国語学習と意見形成

かくして大学は大人が学ぶところです。そこで初・中等教育以上に重要なのが自分なりの問題意識と意見の形成です。この点について、外国語の場合を例にもう少し具体的に説明します。

筆者が担当していた「ドイツ語読解法」という科目では、春学期に人口問題に関するドイツの新聞・雑誌記事などを集中的に読み、日本の人口問題に関する日本語によるレポートを課していました。これによってドイツは日本と同様に少子高齢化と人口減少という問題を抱える一方、これを移民で埋め合わせていることや、事実婚や婚外子が日本よりはるかに多く、同性婚も可能であるといった事情を知ることができます。

またこうした記事では、フランスの「性別を問わず結婚に近い権利を認める『連帯市民協約（PACS）』」（朝日、二〇〇九年九月二三日）など他国の事例が紹介されたりもします。しかしそうした内容が読み取れて、〈へえ〜〜、そうなのか！〉と諸外国に関する知識を増やし、事情通になっても大した意味はありません。もとよりこれを通じて、日本には婚外子の少なさにも結び付く〈できちゃった結婚〉という〈奇習〉が多いこと、女性の活躍推進を謳う一方で、夫婦同姓を義務付けている国が世界では日本だけ（朝日、二〇二一年六月二四日）であることが認識できたりなどもします。しかし肝心なのはさらにその先です。

こうした知識や関連知識は、外国語の授業のみならず、他の授業や新聞、読書などからも得られます。問題や知識にそれらの壁はありません。重要なのはこれらを互いに突き合せて参考とし、とりわけ今自分が生きている日本の状況についての意見を根拠づけられた形で形成することです。なぜならば、社会の意志や変化の方向は個人の考えの集積によって決まるのであり、一人ひとりが社会に対して責任を負っているからです。こうした観点から、**読解力形成の目的は、これに必要な語彙や文法などの習得も含めて、それ自体に意味があるのではなく、読むことから得られる知見などを介して、自分の意見を宿すためです。**戦術と戦略という用語を用いれば、読解力の形成は戦術、すなわち一手段に過ぎないのに対して、戦略目標は意見の形成です。こうした事情は基本的に他の学科目でも同じでしょう。**そしてこれは最終的には各自がより良く生きるためです。大学で学ぶことの意義はこの点にあります。**

日本の日常生活では自分の意見はあまり求められないかもしれません。しかしこれは留学や他国での就労に際して必須であるばかりか、国内でもこれを求める人たちと共に働き、隣人として付き合うという事態がすでに進行中です。外国語での会話でまず重要なのは、母語の場合と同様に、何を言うかです。流暢な日本語でつまらぬことしか言わない人と、たどたどしくとも的確なことを言う人のどちらをみなさんは友人や同僚として望むでしょうか。

もとより外国語に堪能なのは良いことです。しかし相手が日本語ができれば日本語で話せばよいのであり、誰かに通訳、代筆してもらう、あるいは近年は自動翻訳機能を使うという方法もあります。しかしそれはあくまでも自分の意見があってのことです。こればかりは他者や電脳に代行してもらうことはできない一方、対話型人工知能の出現によってこれも雲行きが怪しくなってきました。しかし意見形成を放棄することは、人類にとって自らをごみ箱に打ち捨てるにも等しい所業にほかなりません。

3　市場原理と入学歴主義

ヨーロッパ諸国の多くでは、大学の授業料は無料か安価です。その背景には、「なにより理解すべきは、大学であつかう認識や感情の表現が売買できない性質のものであること」（朝日、二〇〇九年六月一〇日）という共通認識があります。内田樹もまた、医療や教育など「社会制度の中には商取引の比喩では論じることのできないものもあるということは忘れないほうがいい」（内田、一〇七頁）と指摘しています。それにもかかわらず、近年は万物の商品化と市場原理の教育への適用が進み、〈超お買い得　入りやすいのに難関大へ進学可能〉、〈コスパの良い中高一貫校〉など〈お買い得品の品定め〉といった趣の記事や広告が散見されます。これは「現代人は『社会の諸関係はすべて商取引をモデルに構築されている』と考えてい」（同）るという事態によるものです。そこで授業や単位、卒業証書なども商品、これに必要な勉学やレポート作成に要する時間や労力などは代価として理解されがちです。これがまた入学歴主義をこじらせています。

一流大学を出たはずの若いサラリーマンと話したときに、彼があまりに無知なので、「いったい君は大学で何を勉強していたのだ？」と訊いたことがありました。すると彼はなんと「何も！」と胸を張って答えたのです。思いがけない答えに一度はびっくりした後に、僕はなるほどと理解しました。彼にとっては、一流大学を出ているにもかかわらず無知であることは少しも「恥ずかしいこと」ではなく、無知であるにもかかわらず一流大学を出たことこそが「誇るべきこと」だったのでした。「にもかかわらず」の前後に置くべき言葉の順序を僕のほうが間違えていたのです。それは彼にとっては「誇るべき達成」だったのです。彼の笑顔はわずかな手銭で驚くほど高級な商品を買ってみせた「買い物上手」の自慢顔だったのでした。（同、一二〇—一二一頁）

この人は難関大学に合格したものの、ほぼ高卒時の知的水準のまま卒業したのだと思います。これは〈新自由主義型学歴詐称〉とでも言えるでしょう。しかし彼は本当に「買い物上手」なのでしょうか。〈安物買いの銭失い〉という言葉もあります。本人は「誇るべき達成」に得々としていても、内田以外にも多くの人に呆れられ、無知と愚かさ故の失敗を重ねていると思います。

失敗し、呆れられることは誰にでもあります。しかし世人は一流大学卒業者は賢明であるという幻想を抱いています。そこでこの人の場合、その言動がこれを裏切り、立派な入学歴はむしろ彼の傷を深めるでしょう。まさに〈強みは同時に弱みである〉ということです。その結果、社会的に一番重要な〈信用〉を失い、これによる損失は「誇るべき達成」を帳消しとし、後に残るのは哀れな小賢しさだけです。

大学の使命は知の生産であり、サービス消費とは逆の場です。したがって授業への出席やレポートの作成などは単位取得のための代価ではなく、目的です。したがって対話型人工知能によるレポート代筆などは問題外のはずです。単位は取れずとも、授業やレポート作成などで何かを宿せれば、目的は達したと言えるでしょう。

しかし今日の大学生世代は、回り道を嫌って近道を探し（稲田、二三一―二四頁）、何事も「『なるべくコスパ良く済ませたい』」（同、一五八頁）ようです。これに加えて、〈タイパ〉にも敏感で、「趣味や娯楽について、てっとり早く、短時間で、『何かをモノにしたい』『何かのエキスパートになりたい』と思っている」（同、二三頁）人が多い由です。これが〈映画を早送りで見る〉という行動にもつながっているのでしょう。ちなみに倍速で観たいと思う動画コンテンツの二位がYouTuberの企画動画（五〇・八％）で、一位は大学の講義（五七・八％）だそうです（同、一八頁）。

こうした目端の利く人たちからすると、上の筆者の意見など前世紀の遺物による暴論であり、

〈無駄〉の極致でしょう。しかし実質が伴わない単位が取れても、むしろコスパやタイパは非常に悪いというのが大学本来の論理です。ちなみにコスパとは対象中心の考え方です。肝心なのはここでも「自己本位」であり、これこそが実を取ることにつながります。〈一番コスパが良いラーメンは？　原価率が高いのは醤油・味噌・塩のどれ？〉という記事を見かけたことがあります。しかしみなさんはコスパの良さで味噌にしたり、塩を選んだりするのでしょうか。

大学は入学歴のお札販売所でもなければ、就職予備校でもありません。そもそも大学は世俗の権力や価値観が及ばない異空間（Asyl）です。しかしこれに反して近年は大学自身が第4章5で言及した大学資本主義にすり寄り、〈早く目標を定め、四年で卒業、就職すべく邁進せよ〉などと学生を急かし、起業を勧めたりなどもしています。こうした点で大学もまた無罪ではありません。稲田は〈つまらない作品で時間を無駄にすることは失敗〉という価値観発生の一因としてキャリア教育を挙げています

キャリア教育が「回り道」を閉ざした

〔…〕／1999年に中央教育審議会がキャリア教育を提唱して以降、中学・高校・大学では、社会に出て就業することを踏まえた教育が推進されてきた。それはそれで意義のあることだが、そのマインドが行きすぎれば、「自分の就きたい職業にとって、この教科は時間をかけて学ぶ必要がない」という判断を、早々に下すことにもなりかねない。／学問に

までタイパを求めるようになるのだ。／〔…〕悠長に回り道などしている暇はない。

（同、一六九―一七〇頁　太字原著）

昨今の就職活動の早期化と長期化は、仕込み、発酵させ、何かを宿らせることを使命とする大学にとって、そして回り回って企業や国家にとって自らの首を絞めることにほかなりません。

4　低学歴国日本と「性能第一主義」

入学歴主義は低学識、低知力に安住する社会を生みます。専門知識が強く求められる理工系学部では大学院への進学は珍しくありません。これに対して文系学部出身者の場合、就職に際して専門に関する知識はあまり求められません。また大学院を修了しても待遇がさほど良くなるわけでもなく、社会的威信が高まるわけでもありません。さらに大学・大学院の学費が高額なことも一因として挙げられるでしょう。その背景にあるのが、「学制」の「学問は身を立るの財本」が象徴するように、勉学や教育を社会的・公共的なものとしてよりも、出世のための〈私事〉と見なす社会的意識です。これらの結果、銘柄大学の入学歴の方が〈コスパ〉が良いことから、大学院での学位取得には無関心という負の連鎖が続いています。

大学の〈ユニヴァーサルアクセス〉化に伴う学歴インフレは少なくとも先進諸国はいずこも同

じです。そこで企業などは学部卒の学士か、修士か、博士かによって処遇などを大きく変えるのが世界の趨勢で、専門職に就こうとすると、今や修士課程修了が最低条件化しつつあります（小熊、二一六―二二二頁）。一例としてドイツでは官庁や企業の幹部、国会議員など社会のあちこちに博士が少なくありません。大学入試とはたかだか一八歳時点での中等教育の学力に関する瞬間最大風速測定大会のようなものです。それにもかかわらず、これによる入学歴序列で自足を続ける日本は、少なくとも先進諸国の中では明らかに低学歴国です（同、二二四―一四七頁）。

重要なのが学歴の形式や見栄えでないことは当然です。しかし学士と修士、博士では、勉学・研究の時間と内容に応じて、知力の鍛えられ方とその実質が基本的に違います。今日の学部は大学の学校化などによって卒論を書かずに卒業できる場合も少なくありません。これに対して修士課程の修了には修士論文の作成が必須です。そのためには、主題を決め、卒論以上に多くの文献や資料、先行研究などをより深く読んで分析、理解し、これを整理して自分の見解を打ち出し、筋道立てて厳密に論述しなければなりません。

これはなかなかに大変な作業です。博士論文ではさらに高い水準が求められます。しかしこれによって二〇代から三〇代にかけての大人の学力と知力が鍛えられます。修士／博士論文の主題がそのまま仕事や生活に役立つわけではありません。しかし研究や論文執筆に際しての一連の方法や作業は、汎用性のある高度な知的素養を育成します。そこには適切な言葉で筋道だって話し、書く能力も含まれます。

こうした点から考えると、社会全体での言葉も含めた知力低下の原因は、〈聞く・覚える・解く〉型授業や入学歴競争が中等教育を歪めていることばかりではありません。これには大学入学後の「『学校化された環境』における『生徒化した学習態度』」（耳塚、三五頁）や入学歴による慢心／諦めもまたかかわっています。すなわち、これによって、大学で本来身に付けなければならない文献や資料などへの接し方や筋道だった思考と意見形成、これを伝達するための適切な言葉の習得などが疎かにされていることもまたその一因でしょう。そしてこれに文系大学院進学者の少なさという問題も加わります。

かくして日本が低学歴国に留まっている原因を考える上で示唆的なのが「性能第一主義」です。奥平祿郎は旧日本軍の航空機開発における最大の問題点は、実用性よりもデータ上の高性能ばかりを追求する「性能第一主義」であり、「競争機や展覧会の出品機ならともかく、戦争には役立たない飛行機が戦争中にできた」と指摘しています（奥平、三六九頁）。これを踏まえて三野正洋は次のように述べています。

> 言わずもがなかも知れないが、この「性能第一主義」は、現在の学校教育における「成績第一主義」にもつながっているような気がしないでもない。／他の部分、とくにあらゆる面における余裕を排して、「成績第一」とする風潮は近年ますます著しくなっていく。／

またこれは資本主義社会においての「効率第一主義」「売り上げ第一主義」でもある。

（三野、一一〇頁）

筆者もこれに同感です。これは数や形式ばかりを問題とする〈員数主義〉（第７章６参照）とも通底し、〈成績員数主義〉とも言えるでしょう。本人の意思や適性も無視して〈高偏差値だから東大理Ⅲへ〉もその一つです。しかし大学や社会での勉学、研究、仕事などにとって重要なのは入学成績の高数値などではありません。そこで求められるのは入学後も地道に学び続けることによる長期的な知力の構築です。そこでは知識量の相対的多寡や成績順位などは無意味です。自分は自分であり、他人は他人です。上にも述べたように、志ある人にとって大学院はこうした点で有用です。日本が低学歴国から抜け出せず、「選択と集中」などの文科省の大学政策が実態に即していないのも、勉学の実質や〈研究〉というものに対する同省や社会全体の理解と関心が総じて乏しいからです。そしてその一因は、皮肉なことにカタログ数値信仰のような成績第一主義です。かつての日本軍がいたずらな性能第一主義で墓穴を掘ったように、これがまた日本の知力向上の足を引っ張っているとも言えるでしょう。

5 〈教養〉について

一般に〈規律〉という意味で知られている英語の discipline には学問分野という意味もあります。これは各専門分野には固有の〈秩序〉や〈決まり〉があるからです。しかしこれは自律的原理として自転し、他を排除しようとします。そこでその暴走の制御に求められるのが〈教養〉だと思います。これは各分野の原理を超越し、汎用性がある常識や良識といったものです。各 discipline を自動車がひたすらに進むためのエンジンやアクセルとすれば、〈教養〉はこれを制御するハンドルやブレーキに例えられるでしょう。専門分化した大学で〈教養〉、〈教養教育〉という言葉にしばしば遭遇するのにはこうした事情があります。

〈教養〉を明確に定義することは困難です。しかしこれを勉学によって得られる学識、特にその量だと考えることだけは明らかに間違いだと思います。教養とは知識の限界を覚ってこれを相対化し、あるいは諸知識を横断してつなぎ合わせる知性やそこから得られる見識といったものと筆者は考えています。竹内は「教養は、あれこれの知識をすべて蒸留してなお残るものだとすれば」(竹内二〇〇一、五九頁)という言い方をしています。したがって教育や知識があれば教養があるという単純なものではなく、「日本人は教育はあるが、教養がないと或る米人が批評したというが本当だ」（小松、二六頁）という事態も起きてきます。

米兵と日本兵の教育程度を比較してみると、日本兵の方がはるかに上だ。日本兵には自分の名の書けん者はいないが、米兵にはたくさんいて、字が書けてもたどたどしいのが多い。〔…〕／（米兵の　原口註）教育の程度は一般に低いが公衆道徳や教養は高いようだ。

（同、三六一―三六二頁）

上の小松の観察に関連して山本は次のように述べています。

文字が読めない教養人がいて少しも不思議ではない。だがしかし、そのことは、高度の学歴をもつ無教養人がいてこれまた少しも不思議ではない、ということではないはずである。しかし日本でこのことが意識され出したのは、ここ二、三年のことではないかと思う。われわれが、今までのべて来たような状態から脱しうるのは、おそらく、これからの課題であろう。

（山本 二〇〇四、二九一頁）

同氏がこれを初出誌に書いてからほぼ半世紀が経ち、大学進学率は約一・五倍になりました。しかし難関大学出身の官僚や政治家をはじめとする社会の指導層の〈失言〉や不祥事などが絶えないことを見ても、「高度の学歴をもつ無教養人」は増えこそすれ、減ってはいないようです。

昨今のテレビや雑誌、インターネットには食に関する番組や記事が溢れています。その中心は、どこの何が美味かなどという食消費に関する商品情報です。これらを学習・蓄積すれば食情報に関する物知りや食通気どりにはなれるでしょう。しかし食事を味わい、楽しめる〈食の教養人〉になるためには、これとは違う何かが必要です。林望がイギリスで友人の自宅に招待された時の簡素な食卓に「私たちの国ではもうとうの昔に失われてしまった、なにか美しい『あじわい』が残っている」（林、二四八頁）のもこれによるものだろうと思います。

教養はある本を読んだり、何かをすれば〈ゲットできる〉といったものではありません。こうした素養を宿すには時間と手間暇がかかるという点で、これは漢方薬にも例えられるでしょう。西洋医学では基本的に薬に対症療法的な速効性を求めます。頭痛薬を飲めば痛みがすぐに治まり、降圧剤を飲めば血圧が下がります。これに対して漢方薬が目指すのは直接効果というよりも、〈ゆっくりと体質を改善し、その結果の一つとして血圧が下がる〉という間接的効果です。

近年〈ファスト教養〉という言葉を見かけることがあります。その根本にあるのは「『お金を儲けるための教養』」（レジー、三七頁）という意識で、知識をさらに矮小化し、手っ取り早く「『ビジネスの場で使える小ネタ』」（同、一八頁）、「『個人の小金稼ぎのツール』」（同、一七頁）といったものです。そしてこの〈ファスト＋教養〉という造語の矛盾は、逆に教養というもののある側面を照らし出していると言えるでしょう。

6　参考までに

卒業生から〈大学時代にもっと勉強しておけばよかった〉という言葉を耳にすることがあります。これは筆者もまた同様です。もとより大学での勉学がすべてではありません。しかし後悔してばかりいても始まりません。実験設備などが必要な理工系は別として、文系の場合、卒業後も取り返しは基本的に可能です。なぜならば、上述のように文系の勉学の基本は、自分で本を読むなどして考えるという自学自習であり、自らかじり取るものだからです。教員や授業などはこれを手助けするに過ぎません。場合によっては妨害要因かもしれません。

学びたいのであれば、今日は放送大学などさまざまな手段や機会があります。また本来の意味での高学歴化のために大学院に進み、専門知識を体系的に拡大・深化させ、日本語能力も磨くというのも一法です。昨今は主に社会人を対象として夜間や週末に授業を行うところも少なくありません。ただしここでもまた、名のあるところに入ればよいというものではありません。仕事と並行しての勉学、特に論文執筆は大変です。また〈学歴ロンダリング〉などという心ない言葉を跳ね返し、勉学の実を挙げるためには相応の覚悟と努力が必要です。

みなさんが学生ならば、何よりも留学ないしは一人か数人での長期の国外旅行を勧めます。なぜならばそこには日本とは異なる基準や価値観で成り立つ世界が広がっているからです。こうして日本とは異なる社会や文化を若い時に経験することは、自らを相対化し、後の人生に大きな影響を及ぼします。そこでの体験を反芻し、後の進路などに生かすためには、在学中の早めの時期に行った方がよいでしょう。

ただし団体旅行は勧めません。これは頭と足腰が弱まった老人用です。若いみなさんが留学や長期旅行をする目的は、物見遊山ではなく、自分の足で歩いて、見て行動・体験し、困難を乗り越える経験をするためです。団体旅行はサービス商品なので、逆にその芽は摘み取られています。卒業旅行が消費であるのに対して、在学中の留学や長期旅行などは生産であり、経済になぞらえて言えば、将来に向けての投資です。若いみなさんにとって最良の投資先は自分自身です。

専門分野などを本格的に学ぼうというのであれば、外国の大学院に進学するという道もあります。新しい知識の理解や習得は既有知識に強く左右されます。そこで学部で専門の基礎や概要を日本語で学んでから出かけると、これが外国語にかかる負荷を軽減してくれます。そしてこれは内容理解を助けると共に、外国語自体の習得も促進します（原口二〇二〇、第1章と第2章参照）。

一般に留学の利点として、外国語に習熟する、専門的知識を身に付けるといった効用が挙げられます。しかしそれはそれとして、何よりも重要なのは、自らが〈外国人〉という少数者の立場に身を置く体験をすることです。なぜならば言語や文化などに由来する困難を体験し、苦しく、つらく、さびしく、悔しく、もどかしい思いなどを経験することによって少数派に対する想像力や共感が生まれるからです。これは現在進行中の〈多文化共生社会〉以前に、人として不可欠な素養です。

衰退途上国日本は、これに対応して旧弊な国内体制の大幅な改変が必要です。しかしその多くが望み薄であることを考えれば、国外に活躍の場を求めるのも一つの生き方です。このところ海外永住者が増えており、約六割が女性の由です（朝日、二〇二三年一月二七日）。また日本が急激に崩壊し、それを余儀なくされるという事態もないとは言えません。そうした場合に必要なのは、外国語以前に〈何ができるか〉すなわち、〈手に職〉です。

しかし〈人はパンのみにて生くる者に非ず〉でもあります。勉学は就職や給与のためではなく、究極的には自分のためです。入学歴同様に何でも〈上〉を目指すばかりが能ではありません。また他者と同じことをしていてもしかたがありません。重要なのはここでも差異化の原理であり、すでにある線路をいかに速く走るかではなく、自分の線路を敷くことです。要はどのような一生を送りたいのかという各自の意志と料簡の問題です。

第7章　日本軍と軍学校教育

1　社会の縮図としての日本軍

日本軍と今日の官庁や企業、学校などでは任務や機能が違い、時代的、社会的環境も異なります。したがって単純に〈歴史は繰り返す〉とは言えません。しかし「『歴史は繰り返さないが韻《いん》を踏む』」（大木、二二五頁）というのは十分にあり得ることです。

日本は物量に負けたとよく言われます。同様に戦争に敗れたドイツの場合、産業や技術、兵器の水準などは連合軍とほぼ拮抗し、ロケット兵器やジェット軍用機、水中高速潜水艦などは世界の最先端にありました。しかし資材不足や工場の爆撃などで生産が十分にできませんでした。そこで彼らは物量で負けたとも言えるでしょう。

一方日本の産業や技術の水準は低く、陸軍の装備や火力、戦法などは日露戦争か第一次世界大戦並であるばかりか、その背後には後述する〈言葉の欠如〉、〈員数主義〉、〈人命の消耗品化〉、〈化石化した学歴主義〉等々の宿痾がありました。こうした事情を考えるならば、日本の敗北は自らの社会的、文化的問題による自滅であり、物量で負けたという単純な話ではありません。

今度の戦争は、日本は物量で負けた、物量さえあれば米兵等に絶対に負けなかったと大部分の人はいっている。確かにそうであったかもしれんが、物量、物量と簡単に言うが、物量は人間の精神と力によって作られるもので、物量の中には科学者の精神も、農民、職工をはじめ、その国民の全精神が含まれている事を見落している。こんな重大な事を見落しているのでは、物を作る事も勝つ事もとても出来ないだろう。（小松、三四六頁）

官庁や企業、学校などと共に、軍隊も人間から成り立つ組織です。そこで「軍隊は特殊な社会だが、その特殊は全体を反映した特殊なので、全体から切り離された異質なものではない」（竹内好、二七七頁）のであり、「戦争の内実にはなべてそれぞれの国の歴史や伝統、文化、道徳規範が反映する」（保阪 二〇〇五、二四一頁）と言えます。

〔…〕軍隊の中には、日本の近代化の独特のありようが凝縮された形で表現されているということである。言葉をかえていえば、「昭和の陸海軍」は、日本社会が産み出した異物でも、鬼っ子でもなく、私たちの近代化そのものの一つの帰結だった。私たちは、軍隊の中に、近代化の中でつくりあげられた私たち自身の顔を見出すことができるのである。（吉田、二二四頁）

さらに「軍隊は官僚機構の尖端」であることから、「官僚機構が不可避的に生み出す人間蔑視と虚偽とを、一切の修飾を抜きにして露骨にありありと示してくれるもの」でもあります（竹内好、二七七頁）。こうした点から旧軍は日本社会の縮図であると言えます。かくして軍隊や戦争をめぐる問題を文化・社会の観点から見る〈軍事文化論〉の立場に立つと、今日の言葉や教育、社会についても旧軍から多くの貴重な教訓や示唆が得られます。そしてこのことは〈敵国〉も含めた軍・民のおびただしい人々の死を生かすことでもあります。

2　言葉の欠如

元連合艦隊参謀の千早正隆は、戦後に「アメリカンフットボールで同じ手を使って連敗するのは下の下といわれるが、日本海軍はなぜ同じ手をくり返してその都度、叩きのめされたのか」（千早、一一頁）と知人のみならず米国の軍人からも質問された由です。戸部（他）は旧軍のこうした問題点について次のように述べています。

失敗した戦法、戦術、戦略を分析し、その改善策を探究し、それを組織の他の部分へも伝播していくということは驚くほど実行されなかった。これは物事を科学的、客観的に見るという基本姿勢が決定的に欠けていたことを意味する。

また組織学習にとって不可欠な情報の共有システムも欠如していた。日本軍のなかでは自由闊達な議論が許容されることがなかったため、情報が個人や少数の人的ネットワーク内部にとどまり、組織全体で知識や経験が伝達され、共有されることが少なかった。〔…〕したがって、教条的な戦術しかとりえなくなり、同一パターンの作戦を繰り返して敗北するというプロセスが多くの戦場で見られた。〔…〕大東亜戦争中一貫して日本軍は学習を怠った組織であった。（戸部（他）、三二六―三二七頁）

情報や知識、経験などの伝達や学習、蓄積は言葉で行われることを考えれば、これは言葉の欠如によるものと言えるでしょう。自由な議論の不在という指摘はこれを象徴しています。山本は陸軍予備士官学校で受けた速成教育を振り返って、「訓練の原則は『馬を調教する』のと全く同じで、**説明抜きで**個々の実習を積みあげる方式であった」（山本　一九九九、三三頁　太字原口）と回想しています。そして同氏は「陸海を問わず全日本軍の最も大きな特徴、そして人が余り指摘していない特徴は、『言葉を奪った』ことである。日本軍が同胞におかした罪悪のうちの最も大きなものはこれであり、これがあらゆる諸悪の根源であったと私は思う」（同、三〇三頁）として次のように述べています。

何かの失敗があって撲られる。「違います、それは私ではありません」という事実を口にした瞬間、「言いわけするな」の言葉とともに、その三倍、四倍のリンチが加えられる。黙って一回撲られた方が楽なのである。〔…〕言い訳すればするほど徹底的にやられた。〔…〕すなわち、「はじめに言葉あり」の逆、「はじめに言葉なし」がその秩序の出発点であり基本であった。／人から言葉を奪えば、残るものは、動物的攻撃性に基づく暴力秩序、いわば「トマリ木の秩序」しかない。そうなれば精神とは棍棒にすぎず、その実体は海軍

の「精神棒」という言葉によく表れている。（同、三〇三―三〇四頁）

ちなみに「無実訴えるほど長期拘束」（朝日、二〇二四年七月九日）という人質司法の問題点に関する記事を読んで真っ先に脳裏に浮かんだのもこの一節です。閑話休題、山本の指摘と直接かかわるのが、軍学校で理屈や言い訳を禁止する教育が組織的に行われていたことです。これについては本章9以下で見ることとして、〈言葉の欠如〉でもう一つ連想するのが「ヤンキー文化」（斎藤環、一八頁）です。これは冷静な思索や分析よりも「『気合いとアゲアゲのノリさえあれば、まあなんとかなるべ』」（同）を基本的態度として、目の前のことに体当たりして〈がんばり〉、目標の達成は成り行きまかせといった心性です。こうした点でヤンキー文化は行動の意気込みや熱意、美と情緒といった〈ロマンティシズム〉を尊重する「反知性主義的な行動主義」（同、二八頁）と言えます。その中心にあるのが「〝言語を根本的に受け付けない性質〟」（同、一四九頁）で、これは〈つべこべ言う暇があったら体を動かせ、汗をかけ〉といった形で今日も日本に広くかつ根強く見られます。「はじめに言葉なし」について山本はさらに次のように述べています。

日本的ファシズムの形態を問われれば、私は「はじめに言葉なし」がその基本的形態で、それはヒトラーの雄弁とは別のものだと思う。彼のようなタイプの指導者は日本にはいなかった。〝解放者〟日本軍が、なぜ、それ以前の植民地宗主国よりも嫌われたのか。それは動物的攻撃性があるだけで、具体的に、どういう組織でどんな秩序を立てるつもりなのか、

言葉で説明することがだれにもできなかったからである。（山本 一九九九、三〇四―三〇五頁）

アメリカの場合これとは対照的に、次節にも述べるように、言葉の使用に積極的でした。一例として、ミッドウェー作戦時の第一六任務部隊指揮官のスプルーアンス少将は、「空母『エンタープライズ』の甲板上で、いつも参謀と散歩をしながら、長時間にわたって議論を重ね、相互の信頼関係を高め、作戦計画についての検討を進めると同時に、価値観の統一を図った」（戸部（他）、二七三頁）由です。改まった大人数での会議などではタテマエ論や公式的教義、威勢のよい積極論などが一般に幅を利かします。これに対してこうした対話では、参謀も思う所を自由に述べたり、質問や反論などもしやすく、互いに十分に実のある話ができるでしょう。小松は捕虜収容所での経験から「米軍の兵隊は公務以外の事では将校に遠慮しないようだ」（小松、三〇八頁）と述べています。こうして日常的に言葉を交わしての意思疎通は、互いの理解や信頼を生み出し、公務の遂行にとっても有益でしょう。

さて、今日の日本はどうでしょうか。風通しの良い「自由闊達な議論」が広く活発に行われ、同一パターンの作戦を繰り返しての敗北は克服されたでしょうか。異論や反論にすぐ〈黙れ！〉などと叫ぶ昔の乱暴な軍人とは異なり、政治家などは〈金融の追加緩和につきましては、丁寧にしっかりとご説明させていただきます〉などと言うようにはなりましたが。

3　組織の自閉と「負の個人主義」

千早はマリアナ沖海戦について、米国側が「日本側の敗戦の原因は、驚くことに、チームワークの欠如にあったというのである」（千早、二六四頁）と述べています。日本海軍は「個艦の対空火器の急速な強化を図ることは行ったが、〔…〕艦隊の基本的な防空システムの構想に関しては、連合軍側に対し完全に遅れをとっていた」（大内、二二四頁）こともまたその一つと言えるでしょう。〈チームワーク〉に必要なのが明確な言葉による互いの意思疎通であることを考えれば、これもまた日本軍における言葉の欠如と、後述する「負の個人主義」を物語っています。

日本軍の通信機は全般的に低性能で、その活用も十分ではありませんでした。その結果が「日本の攻撃集団は相互の連絡がなく、次から次へと無残に撃破された。さらにその戦闘機隊の編隊でも、一度戦闘となると各個にちりじりになって、その集団としての戦闘能力に欠けていた」（千早、二六五頁）という事態です。これは同海戦だけのことではありません。これに対して米軍機は、無線電話を空母からの指揮管制のみならず、指揮官の指揮や各機の連絡にも使い（徳田、一六六頁）、相互支援しながら編隊戦闘を行っていました。また米軍は砲・爆撃に際しても互いに連絡と協力を図っていました。

米軍の上陸作戦は活発な無線通信システムを利用した後、日本軍の重要拠点への砲・爆撃を行なった。当時、海兵隊には、正確な弾着や重要拠点の砲・爆撃のため海軍の砲撃観測員と空軍の要員が配置されており、情報を送るために各戦闘組織間の連絡は緊密な情報システムの網のもとに統合的・組織的運営が行なわれていた。（戸部（他）、一三八頁）

機上電話や無線通信システムも最終的には言葉による意思疎通の問題です。米軍がこれらの機器を積極的に利用したのは言葉の重要性を認識していたからです。これに対して日本の通信機器や電探（レーダー）が低性能だった背景には、特に海軍がこれらの利用に熱心ではなかったという事情もあります（徳田、七一―一七六頁・中川、四六―五三頁）。

周知のように日本が英語を〈敵性外国語〉として禁止したのに対して、アメリカは日本語を専門とする将校、下士官を急速養成しました。これも捕虜の尋問や入手した文書の解読といった言葉の重要性に鑑みてのことです。これらのことを考えれば、日本軍に欠落していたのは、言葉もまた兵器であり戦力であるという認識です。〈「術・芸」の絶対化〉にも見られるように、日本軍は戦争というものを、黙って一人で戦う武道の試合のようなものと取り違えていたように思います。これとは逆に、旧軍が熱心だったのが特攻隊の編成に際しての〈志願〉に見られるような同調圧力の戦力化であり、これもまた言葉の欠如と表裏一体の関係にあると言えるでしょう。

資源や戦力で劣り、島嶼作戦を行った日本は陸・海軍の緊密な協力が必要だったはずです。しかし実際には、「驚くべきことには、両軍の水陸両用作戦の整備にあたって、陸海軍の間に連絡らしいものがほとんどなかったのである。〔…〕／陸海軍の協同をもっとも必要とする水陸両用作戦ですら、このような情況であったから、他は推して知るべしであった」（千早、一八三頁）という状態でした。その結果陸・海軍は別々に上陸用艦艇を建造し、陸軍は輸送用潜水艦まで作ったものの、これは結局使いものになりませんでした。

こうした点で示唆的なのが與那覇潤の「負の個人主義」という考え方です。同氏は日本ではなぜCOVID–19の感染者が責められるのかに関して次のように述べています。

一般的なイメージには反しますが、現在の日本が世界でもまれな「個人主義の国」であることが一因だと思います。／日本では、同調圧力を恐れず、自分の意見を堂々と唱えるといった、ポジティブな意味での個人主義は乏しいですよね。しかしそうした「正の個人主義」が弱い裏面で、実は「負の個人主義」は猛烈に強いんです。

「おれはお前とは別の存在だから、触るな、不快な思いをさせるな」というのが負の個人主義です。自分と相手を包む「われわれ」の意識がない。「自己」が指す範囲を、個体ごとに分割し、「混じるな」と間に線を引く。／多くの飲食店が今、透明なアクリル板で客席を分けていますね。しかし日本人はコロナ以前から、自分と他人の心を疑似的なアクリル板で区切ってきた。

（朝日、二〇二〇年一〇月九日）

日本のムラ社会的な〈ウチはウチ、ヨソはヨソ〉を生み出すのも負の個人主義です。これは互いを結び合わせる言葉の貧困と表裏一体の関係にあります。各省庁ごとの強い縄張り意識による〈タテ割り行政〉はその象徴です。われわれは陸軍潜水艦のことを笑えるでしょうか。

4　負の言葉の過剰

欠如とは逆に、ある種の言葉の過剰もまた日本軍に特徴的です。それは情緒的で耳触りが良く、勇まし気で景気が良い一方、内容空疎にして意味不明な〈日本軍ポエム〉とでも呼ぶべき言葉です。具体的には「『戦機まさに熟せり』、『決死任務を遂行し、聖旨に添うべし』、『天佑神助』、『神明の加護』、『能否を超越し国運を賭して断行すべし』、などの抽象的かつ空文虚字の作文」（戸部（他）、二八七―二八八頁）です。これらは一種の呪文のようなもので、伝え、つなぐという言葉の本来の役割を妨げるという点で、「負の個人主義」に倣えば、〈負の言葉〉とも呼べるでしょう。その背景について千早は次のように述べています。

命令、指令、指示の文章にこりすぎると、どうしても勇ましい美文調の語句が多くなる弊を伴いがちであったと、遺憾ながら認めざるをえない。戦争の中盤以降になって戦局が不利になると、その傾向は一層増幅した。その結果として、命令として必須の要件である

「簡潔にして明確」が、押しやられるという弊をもたらしたことは、否み難かった。また、往々にして作戦目的、攻撃目標が明示されていないことも少なくなかった。

（千早、二〇〇一二〇一頁）

作戦目的や攻撃目標の明示なくしては、作戦も命令もありえません。そこで作戦命令などを明確に書こうとすれば、第1章17にも述べたように、その過程でこうした問題点が炙り出されるはずです。それにもかかわらず、日本軍で「こうしたありうべからざることがしばしば起こった」（戸部（他）、二六八頁）のは、目的や目標が明示できるほどに計画が合理的かつ具体的に完成しておらず、これを呪文を散りばめた美文でごまかすしかなかったからだと思います。

しかしこれはかつての軍人だけの問題ではありません。理由を挙げ（られ）ないことや、論点ずらし、言い換え、カタカナ語や〈しっかり、丁寧に〉などの濫用の背景にあるのも同様の問題です。小田嶋はポエムについて次のように述べています。

書き手の何かが過剰である時、文体はポエムに近似する。／〔…〕東京オリンピックの招致広告の文案が、安いポエムから外に出られなくなったのは、〔…〕、主張すべきポイントが見当たらなかったからだ。

東日本大震災復興構想会議がまとめた「復興への提言」が古くさい昭和ポエムの文体で書かれていたのも偶然ではない。彼らもまた、主題を明確にすることができなかった。つ

まり、書き手が何かを隠蔽《いんぺい》しようとする時、文章はポエムの体裁を身につけざるを得ないのである。（小田嶋、一八—一九頁）

それではなぜ詰めの甘い作戦計画などができ上ったかと言えば、後述する員数主義などによって戦力の実体を直視せず、身の丈に合う現実的作戦を考えようとしなかったからです。片山杜秀は『寸法足らずのやせ我慢』という水戸学の体質は日本軍とも通底し、『持たざる国』日本には、背伸びを重ねて大けがをした苦い歴史がある」としています（朝日、二〇二〇年一一月二一日）。これはまた第3章7で取り上げた〈量と戦果の拡大〉という問題でもあります。

山本は日本軍の行動はすべて「一貫性なき場当り的な行き方」であり、「それは戦略思想の不徹底さにも示されている」として（山本二〇〇四、二五五頁）次のように述べています。

日本は生産力が低い。従って日本軍は火力が弱い、だがそれを補って優位に立つための兵器に対する明確な系統的な考え方はなく、そのくせその弱点を逆用しそれを基にした戦略・戦術への徹底的な追究、いわばゲリラ戦で対抗すべきだ、という思想もなかった。（同）

この指摘は、〈他国からの脅威に対応して〉防衛費の急激な増額などが行われる今日、政府と自衛隊の国防基本戦略・戦術についても該当することです。こうして日頃から負の言葉による空虚な議論や作文ばかりしていれば、これが実ある正の言葉を圧迫し、人々の頭の中もまた空虚化します。ここでもまた〈文は人なり〉です。

5 空虚な美文と文学・人文知の欠如

日本軍の空虚な美文の典型例として、戦艦大和などの沖縄出撃時の訓示を紹介します。

「帝国海軍部隊は陸軍と協力、空、海、陸の全力をあげて、沖縄周辺の敵艦船に対する総攻撃を決行せんとす。皇国の興廃はまさにこの一挙にあり。ここに海上特攻隊を編成し壮烈無比の突入作戦を命じたるは、帝国海軍をこの一戦に結集し、光輝ある帝国海軍水上部隊の伝統を発揚するとともに、その栄光を後世に伝へんとするに外ならず。各隊はその特攻隊たると否とを問わず、いよいよ殊死奮戦、敵艦隊を殲滅し、もって皇国無窮の礎を確立すべし」

(千早、二七五頁)

海上護衛総司令部参謀の大井篤は、これによって護衛艦艇用に支給される重油七〇〇〇トンが三〇〇〇トンに減らされる旨の知らせを受けます。大井は詳細を確かめるべく連合艦隊司令部に電話をかけてこの訓示を知った時のことについて、次のように記しています。

「国をあげての戦争に、水上部隊の伝統が何だ。水上部隊の栄光が何だ。馬鹿野郎」／そうどなりつけるように言って、ガチャンと電話器をかけた。〔…〕そういうよりほかには言いようのない、連合艦隊の人達の頭のおき方がなさけなく感ぜられた。〔…〕「伝統」「栄光」みんな窓外に見える桜花のように美しい言葉だ。しかし、連合艦隊主義は、連合艦隊の伝統と栄光のために、それが奉仕すべき日本という国家の利益をまで犠牲にしている。この際、四〇〇〇トンという重油があれば、大陸からの物資輸送は活発に行われ、また、日本海への敵潜の侵入を食い止めるのに大いに役立つのに、大和隊に使う四〇〇〇トンは、一体、日本に何をもたらすのだろう。敵軍をして、いたずらに「大和討ち取り」の歓声をあげさせるだけではないのか。（大井、三四五頁）

当時の戦況では大和の沖縄到達はほぼ不可能です。また陸にのし上げての砲撃も、傾斜やトリムによる問題、そして「船体の撓《たわ》みにより、電気・通信系統の配線切断が随所に起き、砲の使用は不可能であろう」（山本平弥、一四五頁）ことなどは海軍首脳にとって自明であったはずです。出撃の訓示が「桜花のように美しい言葉」を散りばめていたのはまさにそうだからこそです。すなわちこれは前節で小田嶋が言うように、「主張すべきポイントが見当たらなかったから」であり、「書き手が何かを隠蔽しようとする時、文章はポエムの体裁を身につけざるを得ない」からにほかなりません。まさに「官僚がポエムを言い始めたら、何かをごまかそうとしていますよ」です。千早はこの作戦について「その作戦目的が純作戦から割り出されたものではなくて、精神的の要求からなされたところに、日本海軍の戦略思想の体質の一端を露呈していると思われる」（千早、二七五頁）と述べています。したがって千早が「これほど悲惨な出陣の訓示はいまだなかった」（同）とするこの作戦での三七二一名にも上る戦死者（高橋、一〇七—一〇八頁）は、実体を美文で糊塗しようとした日本海軍によって殺されたと言えます。

人間は合理性を追求します。しかし同時に「愚にもつかぬことまで望めるという権利、自分のためには賢明なことしか望んではならないという義務にしばられずにすむ権利、それを確保したい」（ドストエフスキー、四五頁）が故に自らに有害なことさえ望むという矛盾した存在です。

> 施設を出てわたしが一番最初にしたことはなんだったと思います？　ポテトチップスを一袋買って一人で全部食べたんです（笑）。／施設でも三時のオヤツの時間があるんだけど、栄養士さんがいてカロリー計算をしてるから、一人当り、アメ玉一個にチョコひとかけらにポテトチップス三枚って具合なんです。だから一度ポテトチップスを一袋食べてみたかったの。ポテトチップスを袋から出して食べている時、心の底から『自由だ！』って思いました。
> （永沢、四三六頁）

こうした〈愚か〉で、天使と悪魔、理性と狂気、創造と破壊などが同居する人間という不条理な生き物を見つめ、その内面を描いてきたのは文学です。哲学、歴史学、文化人類学といった人文知もまた、この一筋縄ではゆかない生き物についてそれぞれに問い続けてきました。

したがって吉田兼好や夏目漱石、ドストエフスキーなどの作品が今も読みつがれるのは、その内容が時間と空間を超えて物事の本質を突き、今日の問題とも通底しているからです。そこではまたさまざまな代理体験もでき、示唆などが得られます。ともすれば誤解されているように、文学とは軟弱でもなく、情感的世界の中で話の展開を楽しむだけの娯楽でもありません。社会学が〈科学〉によって人間社会を研究・描写しようとするように、文学は作家の目と言葉による人間世界についての洞察と懐の深い描写にほかなりません。

　戦艦大和出撃時の訓示のような美文志向は文学趣味とされることがあります。しかしこれも誤りです。これは負の言葉を散りばめることに長けた軍官僚による小賢しい美文風作文に過ぎません。これは文学の対極であり、本章9以下に述べるように、軍や軍学校が文学などの自由な読書を遠ざけた結果です。小田嶋は、現代におけるポエムの跋扈は、書き手の文芸趣味の反映というよりも、これまで以上に実務的な文章が求められる一方で、真正な詩が消滅したことによって、そのまがい物としてポエムが誕生したとしています（小田嶋、二九—三二頁）。筆者も同感です。

　幼い頃から良質の文学や文章に触れていれば、本質を見抜く力や言葉の適切な使用についての感覚や敬意などが宿ります。その結果、「漠然としているが、しかし語気の響きのよい語句」（千早、一三一頁）や「桜花のように美しい言葉」などはむしろ遠ざけ、空虚な〈美文〉は書かないはずです。こうした点からもまた学校や教科書とは別の自由かつ広範な読書が必要です。

6　員数主義

員数とは本来は備品などの定められた数量のことです。員数主義とはこれに起源を発し、「『数さえ合えばそれでよい』が基本的態度であって、その内実は全く問わないという形式主義」（山本一九九九、一三六頁）を意味します。

このイズムは、もうどうにもならない宿痾《しゅくあ》、日本軍の不治の病、一種のリュウマチズムとでもいうべきもので、戦後、収容所で、日本軍壊滅の元凶は何かと問われれば、殆どすべての人が異口同音にあげたのがこの「員数主義」であった。そしてこの病は、文字通りに「上は大本営より下は一兵卒に至るまで」を、徹底的にむしばんでいた。（同、一三五頁）

具体的にはこれは次のようなものです。

形式化した軍隊では、「実質より員数、員数さえあれば後はどうでも」という思想は上下を通じ徹底していた。員数で作った飛行場は、一雨降れば使用に耐えぬ物でも、参謀本部の図面には立派な飛行場と記入され、又比島方面で〇〇万兵力を必要とあれば、内地で大招集をかけ、成程内地の港はそれだけ出しても、途中で撃沈されてその何割しか目的地には着かず、しかも裸同様の兵隊なのだ。〔…〕、比島では銃一つない。やむなく竹槍を持っ

た軍隊となった。日本の最高作戦すらこの様な員数的なのだ。（小松、一四四頁）

実体を考慮しようとしない姿勢は、作戦の基礎となる彼我の戦力評価をめぐっても見られます。大本営作戦課は米軍のルソン島進攻は一九四五年三月まで困難としていました（堀、二二四頁）。これに対して本章13で紹介する情報参謀の堀栄三は、「米軍は一月上旬末、リンガエン湾に上陸」と判断し、これを第一四方面軍司令部で開陳すると、「そのあとは、喧々《けんけん》ごうごうたる反論の渦であった」由です（同）。堀はその原因について次のように述べています：大本営もここに参集した各参謀も、問題は日本軍の一個師団と米軍の一個師団とを同等と考えていることが、喰い違いのもとであった。堀は師団という名称よりも、鉄量（火力）の差を重視していた。ほかの人々は、鉄量は精神力で克服出来るという呪術的思考であった（同、二二五頁）。これに対して堀の判断は、完全な姿で米軍と対戦した初の師団である第一師団が、艦砲射撃を受けないにもかかわらず、レイテ島のリモン峠で一歩も動けないという現実に基づいています（同、二二五—二二六頁）。

それではなぜこうした実よりも形式の優先が蔓延したのでしょうか。その原因は、官僚機構は規則、すなわち形式によって成り立ち、上意下達の命令系統によって運営される組織だからです。とりわけ軍隊という「官僚機構の尖端」においては、「官僚機構が不可避的に生み出す人間蔑視と虚偽」が凝縮されます。これに物事は〈気合で立ち向かえばできるはずだ〉というヤンキー文化的な精神主義も加わり、できないのは軍人精神や敢闘精神が足りないからだということにされます。こうした事情は「命令の中には無茶なものがたくさんある。できぬといえば精神が悪いと怒られるので服従するが、実際問題として命令は実行されていない。『不可能を可能とする処に勝利がある』と偉い人は常に言うが?」(小松、一四五―一四六頁)という批判が物語っています。かくして「『員数としてはあるが、実体としてはない』」(山本 一九九九、一四一頁)に基づく張りぼての作戦などが、実体の塊のような米軍とぶつかればどうなるかは容易に推測できるでしょう。山本は員数主義跋扈の原因と帰結について次のように記しています。

なぜこうなったのか。それは、自転する〝組織〟の上に乗った、「不可能命令とそれに対する員数報告」で構成される虚構の世界を「事実」としたからである。日本軍は米軍に敗れたのではない。米軍という現実の打撃にこの虚構を吹きとばされて降伏したのである。

(同、一四〇頁)

山本によれば、最後の御前会議では阿南陸相が、本土決戦の戦備はすでに完了し、九十九里浜の陣地も完成していることを理由に、米軍に一撃を加えることを主張し、決戦か降伏かの決着がつかなかった由です(同、一四〇―一四一頁)。そこで聖断を乞われて「天皇が言った決定的な言葉は、侍従武官を派遣して調べさせたところ、九十九里浜には陣地などはない、という意味の言葉である」(同、一四一頁)とのことです。これについて山本は「結局これは『員数としてはあるが、実体としてはない』ということであり、［…］、降伏しかないという実情を示したことにほかならない。そして米軍の攻撃は、常に員数という虚構を吹きとばして、『実体としてはなにもない』ことを指摘しつづけただけに等しい」（同）と述べています。

員数主義は、タテマエ通りの言葉で隙なく綴られ、〈粛粛と〉実施される一方で実効性の怪しい諸政策など、今日もさまざまな形で健在です。員数主義が帳簿上の数字や形式の独り歩きであるように、入学歴主義もまた物神化した偏差値や学校名という形式の自転現象です。そうでなければ、具体的な中身の違いを差し置いて、A大学法学部とB大学商学部ではどちらが〈上〉かなどという不毛な序列争いなど成り立たないはずです。ご飯論法や言い換え、〈丁寧に〉などのような言葉もまた、形式だけの〈員数言葉〉であり、これはまた思考の員数化でもあります。

〈グローバル化〉が再考を迫られているとはいえ、今後も国境を越えての人や物の動きが大きく減退することはないでしょう。そうした中で、日本軍が員数という仲間内の虚構を現実の打撃によって吹き飛ばされて降伏したように、偏差値や入学歴主義という国内限定の〈お約束〉もまた、他国人の知的実力という「現実の打撃」によっていずれ吹き飛ばされるでしょう。そしてそれは日本が再び吹き飛ばされる日でもあります。

7　人命の員数化

上にも述べたように、日本軍は資源や戦力の不足を補うために、猛訓練による精兵主義を取りました。しかしその一方で、せっかく技や芸を鍛え上げた将兵もまた員数として消耗品扱いして失うという矛盾した体質がありました。小松は日本の敗因の一つとして「四、将兵の素質低下（精兵は満州、支那事変と緒戦で大部分は死んでしまった）」（小松、三三四頁）を挙げています。そして「日本人は自分の命も粗末にするが、他人の命はなお粗末にする」（小松、三六三頁）として台湾からフィリピンへの輸送作戦について次のように述べています。

「バアーシイー海峡の輸送は三割比島に着けば成功ですよ」と軍首脳は平気な顔をしている。七割にあたる人間はたまったものでない。その他の作戦でも人員の損失は平気だ。米軍は［…］、できるだけ人員損失がないようにしている。

日本は余り人命を粗末にするので、終いには上の命令を聞いたら命はないと兵隊が気付いてしまった。生物本能を無視したやり方は永続するものでない。

特攻隊員の中には、早く乗機が空襲で破壊されればよいと、密かに願う者も多かった。

（同、三六三―三六四頁）

山本は同輸送作戦について「私が戦った相手、アメリカ軍は、常に方法を変えてきた。あの手がだめならこれ、この手がだめならあれ、と。〔…〕、同じ方向に無防備に等しいボロ船船団を同じように繰り返し送り出して自ら大量『死へのベルトコンベア』を作るようなことは、しなかった」（山本二〇〇四、六七頁）と述べています。第1章5に引用した安永も実戦体験から、「ヤンキーってヤツは、俺たちの常識にないことをする」（安永、三七三頁）としています。

日本軍にこうした〈芸のなさ〉や思考停止が特に目立つのはなぜでしょうか。これはまず「天皇を究極的な価値の源泉とする権威の構造」（広田、二二八頁）に由来すると思います。旧軍では〈上官の命令は天皇の命令〉と言われました。この言葉が象徴するように、命令や諸規定などをたどってゆくと統帥権を有する天皇に帰着します。そこでこれらに手を付けることは、天皇に対する〈不忠〉につながります。その結果が天皇の権威による自縄自縛であり、虎の威を借りる狐のような尊大と委縮・卑屈の共存です。そしてこのことは〈各人が自主的決意と判断によって行動することの絶対的否定〉という国体の問題ともかかわってきます。寺本弘が聞いた次の話は、員数主義も含めて日本軍の硬直性の源がこうした権威の構造にあることを示しています。

ある部隊が現在のミャンマーで、鹵獲した米国製のM3軽戦車の装甲板を使って、実力で劣る九七式中戦車の補強を兵器部に申請します。しかしその結果は「制式戦車の権威を傷つける改造はまかりならぬという。わかりやすく言えば、溶接は駄目で、原型にもどせるようボルト利用の着脱式なら許可するということになった」（寺本、二九二頁）由です。これは「制式戦車の権威」という言葉からも窺えるように、戦車が天皇から下しおかれた制式兵器である以上、装甲板の追加も単なる技術的な措置では済まず、天皇の権威にもかかわる問題だからでしょう。

ちなみに旧軍のこうした体質は、諫早湾の干拓問題などに見られるように、一度決めたことは頑なに押し通そうとする国の態度にも連続しています。これは天皇の権威と無謬性の構造を〈国〉が引き継ぎ、理や実よりも御神体の権威を大事にするという一種の神政体制が依然として続いているからだというのが筆者の見立てです。

さらにこうした構造的硬直性を悪化させたのが、言葉や自分の頭で考えることを排除し、「『断ジ《ママ》て敢行スレバ鬼神モ之ヲ避ク』」（山中、二二九頁）の精神に基づいて、何かに憑かれたように遮二無二突き進む攻撃至上主義、断行主義を叩き込んだ軍学校教育です。これについて詳しくは本章9以下で取り上げるとして、バシー海峡での「死へのベルトコンベア」に話を戻すと、山本は次のように述べています。

> それはまさに機械的な拡大再生産的繰り返しであり、この際、ひるがえって自らの意図を再確認し、新しい方法論を探求し、それに基づく組織を新たに作りなおそうとはしない。むしろ逆になり、そういう弱気は許されず、そういうことを言う者は敗北主義者という形になる。
>
> （山本 二〇〇四、六六頁）

戸部（他）は、日本軍における組織学習の欠如について次のように指摘しています。

事実を冷静に直視し、情報と戦略を重視するという米軍の組織学習を促進する行動様式に対して、日本軍はときとして事実よりも自らの頭のなかだけで描いた状況を前提に情報を軽視し、戦略合理性を確保できなかった。
（戸部（他）、三二八頁）

「自らの頭のなかだけで描いた状況を前提に」ということは「自分と相手を包む『われわれ』の意識がない」という独善の支配で、ここでも「負の個人主義」が思い浮かびます。自らの見立てと筋書きに執着しての警察や検察による冤罪の背後にあるのもこうした思考と行動の構造でしょう。日本軍の場合、これによって敵という注視点さえ視野から消え失せ、同じ方法の繰り返しという自閉的一人よがりを続けたのだと思います。これを米軍の側から見ると、「日本の出方は手にとるようにわかるから、ただ『バシー海峡』で待っていればよい」（山本二〇〇四、六六頁）ということで、日本軍は彼らの常識を越えた実に奇妙かつ不思議な相手だったと思います。

結果や犠牲を度外視してともかく〈がんばった〉ことに自己満足し、人間の使い捨てを許す心性は今日にも連続しています。しかし最近は風向きがやや変わってきたようです。教員不足や若手官僚の退職者増加、それらの採用試験受験者の減少などは、上に引用した「日本は余り人命を粗末にするので〔…〕兵隊が気付いてしまった」の現代版と言えるでしょう。これと同時に「エリートの劣化とともに、ふつうの人の意地と誇りが蒸発しかけている」（竹内二〇〇八、一九九頁）

兆候も見られます。これらのことを考えると、現場の人々の苦労や犠牲によって〈下が大崩壊を食い止めている〉（次節参照）というこれまで日本を支えてきた図式も崩壊しつつあると言えます。これは、歴史の中で蓄積されてきた人々の資質や善意、倫理観などを〈お上〉が化石燃料のように消費するばかりで、構造の変革や新たな仕込みを怠ってきた報いと言えるでしょう。

8　日本軍将兵に対する評価と軍学校の概要

上のような戦い方をした日本軍将兵に対する連合軍からの評価は概ね、〈下級将校、下士官・兵は優秀、高級将校は無能〉というものです（ジューコフ、一三二頁）。その中身について司馬は次のように述べています：日本軍の中で、いちばん頭の悪いのは参謀肩章吊《ママ》ったやつだ。決まったことをかならずやってくるからやりやすい。だから、待ち受けて、逆のことをやればいいんだ。およそ、彼らは自分の頭で考えない。〔…〕／そんなに愚劣な戦争をしているのに、何とか大崩壊を食い止めてるのは下士官の賢さだ。現場で形をつけてる。それと兵の順良さである、というのが英軍司令部の評判だったらしい（司馬、四二―四三頁）。

なぜ日本軍は有能な高級幹部が養成できなかったのでしょうか。その背景には日本の将校団が明治維新によって伝統から断ち切られた学歴エリートに過ぎなかったことがあります。その結果彼らには、学力とは異なる知力や見識などを育む上層階級の文化資本が欠けていました。もう一つの理由は、次節以下で述べるように、軍幹部を養成した軍学校の教育がきわめて硬直的、精神主義的で、理や実のある言葉を遠ざけ、任官後の人事も形式的学歴主義と年功序列によるものだったからだと思います。「日本軍が個人ならびに組織に共有されるべき戦闘に対する科学的方法論を欠いていた」（戸部（他）、二八七頁）のも多分にそれらの結果でしょう。

軍学校教育の詳細に立ち入る前に、将校養成の概要について簡単に述べておきます。本書では一九三八年頃の制度に基づき、陸軍高級幹部の多くの出身校である陸軍幼年学校（陸幼）、陸軍士官学校（陸士）、陸軍大学校（陸大）を軍学校として主に取り上げます。こうした〈正統〉の将校養成・教育課程とは別に、陸軍には准尉・曹長・軍曹から成績優秀者を試験で選抜して陸士に入学させ、卒業後に少尉に任官させる「少尉候補者」（吉田、九五―九九頁）制度がありました。また陸海軍共に、兵から下士官・准士官と進級を重ねて士官となることも可能でした。しかし戦争の広がりと損耗による下級幹部不足によって陸軍が大きく依存したのが「幹部候補生」制度です。これは中等教育修了以上の有資格者で、採用試験に合格した者を訓練途中の成績で甲種と乙種に分け、速成教育を施して前者は将校に、後者は下士官に仕立てるものです（北村、一三〇―一三四頁）。第1章5の「予備学生」とは、簡単に言えば甲幹（甲種幹部候補生）の海軍版です。

9　陸軍幼年学校

陸幼入学には満一三歳以上一五歳未満であることと、中学校一年二学期修了程度の学力が必要とされ（藤井 二〇二二、二八頁）、卒業後は陸士予科に無試験で入学できました。陸幼生徒の位置付けは「陸軍士官学校の骨幹となり、陸軍将校の中核として活躍することに多大の期待を寄せられて、エリートコースを歩む若人」（森松、二八八頁）というもので、卒業者の多くが陸軍の要職に就きました。同校は三年制で、「中学校の2～4学年程度の国漢、数学等普通学と呼ばれたものを中心にした」授業を行い、「軍事専門の教育は、中学校の学校教練をやや強化した程度のもの」に過ぎませんでした（熊谷、五五頁）。しかし一般の学校と決定的に異なるのは、勉学や日常生活が軍隊の厳格な規律と日課に基づいて行われたことでした。一例を挙げれば、「書籍や文具、帽子等の置き方から、本を読む時の姿勢や質問の際の挙手の仕方まで細かく決められて」（広田、一九八頁）いました。また日曜日や一か月程度の夏休みなどを除いて生徒は外出できず、一般社会から隔絶された中で普通学に加えて精神教育も行われました。以下では陸幼の教育について本書との関連で重要な点を挙げます。

理屈と言い訳の禁止

その第一は理屈や弁解を禁止する教育を行ったことです。これは〈言葉を奪う〉ことでもあります。山中峯太郎は陸幼在校時に、〈太陽は男性的だと思うが、ドイツ語ではなぜ女性名詞なのか〉と教官に質問したところ、「『語学は理くつじゃないんだよ』」と言われ、「頭から圧えられた気がして、不服だった」と記しています（山中、七六頁）。今日の外国語教授法から見ると正当な疑問について山中がさらに質問すると、「『それは語学の問題じゃない。教程（教科書　原口註）に、こうあるんだ』／〔…〕／『理くつを言うんじゃない、座れ』」と言われます（同、七九頁）。これを見ていた生徒監（学級担任に相当）は生徒に対して後に次のように訓示します。

「この機会に、注意しておくことがある。語学に理くつはないと、教えられても、まだ理くつを言うのは、まことによろしくないことである」／〔…〕／「すべて何事にかかわらず、上の者から言うなと、注意されたことを、なおかつ言うがごときは、将校生徒の断じてなすべきことではない」／〔…〕／「さらに一つ、あわせて言っておく。将校生徒として、もっとも恥ずべきことは、自分を言いわけすること、弁解することである。〔…〕弁解は卑怯だと、諸子は名誉ある将校生徒として、深く肝《きも》に銘じて忘れるな。今後、何事にかかわらず、断じて弁解してはならない。終り」（同、八二―八三頁）

これに対して山中は「（おれは一生、弁解しないぞ。弁解は卑怯だ）と、実際に腹の底から思わずにいられない、立志的な決意が、固く根をおろした」(同、八四頁) 由です。しかし〈言い訳しない〉は、理や責任の究明よりも〈潔さ〉という美学と情緒の優先です。こうした傾向は今日も見られます。したがって旧軍における言葉の欠如は、他の問題の場合とも同様に、〈言挙げを避ける〉という日本社会に広く見られる体質が、軍隊という「官僚機構の尖端」にして究極の上意下達的世界の中で増幅、濃密化され、露骨かつ鮮明にその姿を現したものだと思います。

「学校の勉強だけしておればいい」主義

次に重要なのは、教科書以外の書籍の所持はすべて許可制で、自由に本が読めなかったことです(西浦、一五一―一六頁)。同校出身の西浦進は「だから、学校の勉強だけしておればいいということだったんでしょう」(同、一六頁)とこれを評しています。これも言葉を奪います。

競争馬などの意識を前に集中させるために、遮眼革《しゃがんかく》という覆いのようなものを目に付けることがあります。外界との遮断や自由な読書の禁止は、さしずめ生徒に対する遮眼革であったと言えるでしょう。こうした点から幼年学校の問題点は、〈学校の勉強だけしておればいい主義〉のもとに、生徒の成長に必要な事項をすべて学校が管理・統制しようとしたことにあると言えます。教条的作戦の繰り返しや人命の員数化などの非常識の一因は、多角的に物事が見られなかったことにあり、これは幹部軍人たちが学校の勉強しかしてこなかった結果とも言えるでしょう。

エリート意識の鼓吹

陸幼のもう一つの問題は、生徒監の「諸子は名誉ある将校生徒として」という言葉からも窺えるように、生徒の自負心をことさらに掻き立てたことです。山中は次のように述べています。

早く少年期から「将校生徒」と、おだてて「訓育」された。訓育する者は、おだてる意識などは、みじんもなしに、ただ、ひとえに君国のために、（おまえたち将校生徒は、将来かならず、えらいものになるんだぞ）／と、〔…〕絶対に服従する、少年の単純な服従心は、（えらいものになるんだぞ）の鼓吹に、頭から、それを信じきって、そこから当然に、強烈な自負心が性格化せずにはいなかった。（おれは、えらいんだ）と。

幼年校出の、殊に「グシャ」と言われた秀才の連中には、自負心の化身とも言い得るほどの、独り思い上がった性癖者が多い。「三つ子の魂、百まで」だけではなく、この独善の性癖は、地位の上がるにつれて激化するのが、また如実に当然の心理なのだろう。

（山中、二二六―二二七頁）

「『天皇への距離の近さ』」の強調もまたこれを刺激していました（広田、二二八頁）。こうして遮眼革を付けての厳格な訓育という鞭や拍車に加えて、エリート意識という人参も用いて、生徒をまさに〈わき目もふらず〉ひたすら前方に突進させるような教育が、多くの高級軍人の視野狭窄や驕慢、「軍人至上、精神至上主義」（加登川、一三七頁）につながったと言えるでしょう。

10　陸軍士官学校

予科と本科から構成されていた陸士は、一九三七年に陸軍予科士官学校（陸士予科）が、翌年に陸軍士官学校（陸士本科）から陸軍航空士官学校が独立しました。陸士予科へは一般中学校などからも進学でき、海軍士官養成のための海軍兵学校（海兵）と共に、高等学校に準ずる難関校でした。二年制の陸士予科の教育の中心は高等学校の〈理科〉に近い普通学で、一年一〇か月の陸士本科では戦術学、戦史、兵器学など「全く軍事一本やり」（熊谷、六三頁）でした。規律や勉学、日常生活などは陸幼と同様で、日々時間に追われる中で猛烈な錬成が行われました。

精神教育と断行主義

精神教育も陸幼から継承され、「陣中要務令」の「綱領」は、任官後も聖典の一つとして体得を「厳しく鼓吹された」（山中、二二八頁）由です。これは今日も「『指揮官ノ最モ戒《イマシ》ムベキモノニアリ。曰ク為サザルナリ。遅疑スルナリ。』」（同）という一節で有名です。こうした精神教育は次章で取り上げる陸大までの戦略・戦術教育にも大きく影響しました。

戦略や戦術の問題を出されると、指揮官としての「決心」と「理由」と「処置」を答案に書く。「決心」は断乎として不動、明白なるべく、いやしくも右顧左眄《うこさべん》してはならない。白か黒かを、切りはなして決定する。灰色や鼠色を排斥する。必ず左か右を行く。中間を取るごときは、禁忌《きんき》である。

この「決心」が性格化して、すべての判断が一途《いちず》に極端から極端へ走り、しかも、一度決定すると遂行する。変更や中止は敢てしないのが、およそ誰れもの習性になっていた。

日露戦争の勝利から得た血の教訓は、「旺盛不屈の攻撃精神」と「必勝の信念」だった。精神によって勝つ。「寡を以て衆に勝つ」のも精神にあるのだ、と、攻撃精神即ち必勝の信念が、極端に習性化されて、動かし得ないものになっていた。（同、二四一頁）

十代半ばからのこうした性格形成は、日本軍の精神主義や攻撃至上主義、独善的で硬直した組織文化などに深くかかわっているでしょう。ちなみにこうした軍人の性癖や体質には、今日も官庁や官僚に根強い「無謬性神話」の淵源を見る思いがします。

適応格差と成績

一方陸士に固有の問題が、軍学校での日常生活や勉学などにすでに適応している陸幼出身者と、中学校などからの入学者の出発点での格差です。加登川は次のように述べています。

何より大きな差は、体操や武技だ。〔…〕大したこういう訓練を受けていないで、ぽっと入ったら、黒帯の連中がいるというふうな形では、とても太刀打ちはできない。

次は勉強の仕方に差がある。〔…〕試験の前だろうがなんだろうが自習時間は限られている。こちらは中学出だから、試験の前にねじり鉢巻きで準備して試験を受けて、よかった、悪かったといっていたのだから、とてもかなわない。〔…〕しまいまであの勉強、つまり勉強してためていくという勉強法がついぞ私の身にはつかなかった。（加登川、一三四頁）

しかし評価は〈平等に〉行われることから、「大体上の方が幼年学校出身者」（西浦、二八頁）というのは当然の結果です。軍学校をはじめとして旧軍は徹底した成績序列主義の世界でした。そこで陸士では本科の科目や武技、日常の操行の評点によって卒業時の「席次」が定められ、これがその後の進級の基礎とされ（熊谷、六五頁）、海軍でも基本的に同様でした（同・将口、四四頁）。その結果、軍学校の生徒たちは成績に無関心を装いつつも、将来の出世につながる卒業席次をにらんで水面下では競争していました（西浦、一九―二一頁・飯塚、四三―四四頁）。

入学時での適応格差などを考えれば、陸士での成績順位の高さをもって幼年学校出身者を〈優秀〉とすることには一定の留保が必要でしょう。したがって成績や卒業席次の高さは、一定のお約束の中での秀才度の証明ではあっても、幹部としての素養や職務への適任を必ずしも保証するものではありません。これは今日にも該当することです。

陸幼・陸士の生徒は、ほぼ同年齢の現代の中学生から大学生と同様に、社会の常識や感覚を身に付けなければならない時期にあたります。こうした点で陸幼・陸士の教育上の最大の問題は、〈学校の勉強だけしておればいい主義〉のもと、生徒を社会から隔離して軍人に純粋培養しようとした点にあると思います。そしてそこで用いられた垂直的序列化と「水平的画一化」、すなわち「特定のふるまい方や考え方を全体に要請する圧力」（本田ａ、二〇頁）によって、生徒を縦・横の両方向から鋳型に押し込むという方法は、今日の学校教育にも通底しています。

上のような陸幼・陸士教育と、第３章７で述べた量や戦果の拡大との関連で忘れられない一節があります。著者の信太正三は大学で哲学を専攻した甲幹出身将校です。彼は山西省での連隊本部勤務の中で、同じく応召将校である田中軍医大尉と話すことを唯一の慰めにしていました。信太は今でも忘れられない彼の言葉として、次のような連隊長批判を挙げています。

> 「連隊長は戦闘がはじまると手を叩いて喜ぶ奴だ。」こう言って彼は、軍人の愚劣さを嘆いていた。幼年学校から士官学校を経てきただけの職業軍人には、砂本連隊長のようなのはよくある例である。彼らの心意は、戦争ゴッコ以外には興味をもたないのだ。単純といえば単純、明快といえば明快である。だが、その単純は犯罪と直通するものなのだ。日本の陸軍士官学校は、そういう恐るべき単純型人間を大量に生産したのだ。田中大尉の反軍的

心情は、そういう人間タイプに対するやりきれなさからきているようだった。

（信太、六六頁）

その後信太たちの部隊は作戦に出動し、ある日先遣中隊から軽機の音がしだします。

私の直後にいた砂本連隊長は、「やってる」と声を発すると、私たちを急がせながら馬を駆った。〔…〕敵情偵察をおこなって部隊全体を掌握した後に進攻すべきであったのに、すっかり陽気になった連隊長は、そのまま勢いに乗って本部だけを連れて平地を秩序もなく突進していった。敵の陽動作戦に引っ掛かっていたのである。危険であった。

（同、七一―七二頁）

信太の判断のとおり、彼らは敵が堅陣を築いて待ち構えているところに誘い込まれ、激戦の中で多くの戦死者を出し、連隊長自身も重傷を負います。戦闘が始まると手を叩いて喜んだり、陽気になってもらっては困るのです。田中軍医の見立ては正しかったのです。

上の引用にある〈陸軍士官学校〉を〈大学〉、〈戦争ゴッコ〉を〈仕事や研究〉などと読み替えるならば、今日の社会もまた田中軍医の批判と無関係ではないでしょう。そもそも日本の学校教育制度は近代化のために作られました。大学は法・工・医などの官僚・技術者養成のために設置されたという点で将校養成を目的とする陸士などと同じです。四〇年ほど前に上の一節を読んで以来筆者は、日本の大学もまた「そういう恐るべき単純型人間を大量に生産」しているのではないか、そして自らもまたその一翼を担ってきたのではないのかという疑念が拭い去れません。科学や技術にしか関心のない理工学部生、ビジネスにしか関心のない商学部生、文学や思想にしか関心のない文学部生、そして自らの専門についての〈業績〉を上げることにしか関心のない教員では困るのです。そして自分はどうなのか？？

11　陸軍大学校

陸大は師団以上の大部隊を動かす高等用兵を三年間教育する陸軍の最高学府でした。卒業者の多くが参謀をはじめとする要職についたことから、卒業生はキャリア組公務員の軍人版と考えればよいでしょう。受験資格は少尉任官後八年未満の少・中尉で、連隊長の推薦が必要でした（北村、一五六頁）。合格者は平均して陸士卒業者の一割未満で（三根生、一二六頁）、幼年学校出身者が圧倒的に多くを占める（同、八九頁）一方、少尉候補者制度による〈兵隊からのたたき上げ将校〉に対しては、「初審試験（筆記試験）に合格を重ねても、再審試験（面接試験　原口註）で固く門戸を閉じ、ついに入校を認めなかった」（十二、二二一頁）由です。

戦術教育と成績

陸大の教育は戦術を中心とし、戦史なども加えて行われました。前者では学生一〇―一三、四名ほどの教授班ごとに教官が一人付き、教官の示す想定と戦況に基づき、師団長の決心とその理由、作戦命令などの問題を出し、各学生の案について討議した後、教官が原案（模範的構想）を示すという方式で行われました（堀、二四―二八頁・三根生、五五頁）。これについて三根生は「いわゆる注入教育とは異なり、創造的頭脳を訓練するという点ではこれほどの啓発教育はなかっただろう」（三根生、五八頁）としつつも、次のように批判しています。

とはいうものの、一方では、こういう教育は往々にして、広い視野に立つ哲学的思索というようなものを疎《おろそ》かにするきらいがある。こうした思索は、どちらかというと、すべての事象を先ず批判的に見ることによって可能となるのだが、「すべての批判は許さず」といった空気のあった旧軍ではそれは望むべくもなかった。（同、五八―五九頁）

同校を卒業した岡村誠之は図上戦術について、「教官の示す原案（模範的構想）に納得しない学生が多かった。けれども原案に中《あた》ると、戦術の点数が良く、戦術の点数が総合成績の大部分を占めることから、ここに優等生的な功利心が作用して、ややもすれば本格的な戦術錬磨が阻《はば》まれていたのである」（同、五九頁）としています。堀もまた、その場面で何をするのが一番大事かを考えるよりも、教官の原案を先読みして自分の案を出す傾向は否定できなかったと述べています

（堀、二八頁）。ここでもまた問題は成績です。

情報教育の不在

日本軍の補給軽視はよく知られています。これと同様に、「典範令等においても情報の重要性は強調されず〔…〕、積極果敢型を望ましい指揮官像と見做し、思考堅実型を斥き《ママ》情報マンの養成や人事が軽視され」（杉田、三九九頁）、陸大でも情報に関する教育はほとんど行われませんでした（堀、二二四―二二五、二二九―二三〇頁）。そこで戦術教育に際しても、教官から与えられる「情報がいかにして求められ審査や評価されたかは不問に付せられ、与えられた情報はすべて真実であるとして受け容れられていた」（杉田、三九九頁）由です。

戦闘第一主義

以上の点から、陸大は名称は〈大学校〉でも、懐疑から出発して自ら考え、研究して何かを宿すところではなく、所与の条件の下で、与えられた問題を解く〈高級術科学校〉であったと言えるでしょう。その原因は、日本軍は子供のような「戦争ゴッコ」にばかり夢中で、戦争の複合性や奥深さへの認識を欠いたこと、陸幼以来の「『すべての批判は許さず』といった空気」による自由闊達な議論の欠如、そして〈正解への近さ〉に基づく評価と席次付けです。

陸大に相当する海軍大学校でも戦闘第一主義は同じでした。千早は、戦略は政治、経済、科学などと有機的に関連し、その時々でこれらへの柔軟な対応が求められるにもかかわらず、海大ではこうした研究や教育はほとんど行われなかったとしています（千早、二九三―二九四頁）。その上で千早は、日本海軍の究極の誤りは「戦争の一場面にすぎない戦闘を戦争全般と混同し判断した」（同、一二九頁）ことであり、海大で教育したのは、「いかにして海戦に勝つかであり、それ以上でもなければそれ以下でもなかった」（同、二九四頁）としています。

鍛錬主義・他律主義

陸大教育の実際について三根生は、陸大教育は三〇歳前後の一人前の若手将校に対しても「『相変らずの鍛錬主義と他律主義であった』」、「余りにもぎっしり詰まった課業と宿題作業のために自分の時間を持ち、自分の欲する本を読み、自分独自の立場で沈潜思索する余裕は殆どなかった」という岡村の言葉を引用しています（三根生、六四頁）。こうした詰め込みへの適応の中から生まれるのが、教えられるものの単なる形式的踏襲であり、「『適応は適応能力を締め出す』」（戸部〈他〉、三七五頁）という逆説です。そしてその結果が「日本軍の最大の失敗の本質は、特定の戦略原型に徹底的に適応しすぎて学習棄却ができず自己革新能力を失ってしまった」（同、三九五頁）という皮肉な事態です。これは今日の日本の姿でもあります。

〔…〕官僚主義とならんで軍隊教育の特徴の一つとして、徹底した合目的性が挙げられる。これがしばしば、当初の目的を忘れて、手段が自己目的化する傾向があり、逆に教育の効果を殺すことに終っている。（竹内好、二八三頁）

こうした〈徹底した合目的性の追求〉は今日の教育においても根強く、文科省は学校教育を強く管理・統制しています。これに近年は新自由主義の影響も加わって、社会もまた〈すぐに役立つ〉ことを教育に求めます。その結果、中等教育は受験予備校、大学は高級職業専門学校、就職予備校への傾斜を強めています。これらのことを考える時、われわれは軍学校教育についてもまた旧軍の愚行として笑えるでしょうか。

12　学歴主義と組織・人事

硬直的で教条主義的な日本軍に対して米軍は柔軟で、攻めやすいところをまず陥落させ、抵抗の強いところは後から火力を集中して攻略するなど、徹底して少ない犠牲と経費で作戦の実を追求しました（戸部（他）、二八七頁）。米軍のこうした「演繹・帰納の反復による愚直なまでの科学的方法の追求」（同）に求められるのは理や機能などを考え、計算できる知力です。そこでは学歴も実務の中で検証され、知的実力を欠く人には出る幕がありません。

このような米軍の組織構造と人事について戸部（他）は次のように表現しています：それはすべてがシステムを中心に運営されるとともに、エリートの選別・評価を通じてそのシステムを活性化し、必要に応じて変更することができるという意味での「ダイナミックな構造主義」と呼べるものであった（同、三二八頁）。

一方日本の軍学校では上に見たように猛烈な鍛錬が行われました。しかしそれは教えられたことを正確に答案用紙に再現し、〈模範解答〉への近さを競うようなものに傾斜していました。上に挙げた「決まったことを必ずやってくるからやりやすい。〔…〕彼らは自分の頭で考えない」という評価はこうした軍学校教育の〈成功の証〉でしょう。〈過ぎたるは及ばざるが如し〉という言葉を思い出します。また日本軍で主に問われたのは知や理、正の言葉を話し、書く力などよりも、決意や信念、気力といった抽象的、精神的要素でした。そこで学歴や成績は現実の洗礼や検証を受けることもなく、化石化した形式的学歴主義として独り歩きしました。次の批判は軍人のこうした実態を物語るものです。

> 彼等は思索せず、読書せず、上級者となるに従って反駁する人もなく、批判をうける機会もなく、式場の御神体となり、権威の偶像となって温室の裡に保護された。永き平和時代には上官の一言一句はなんらの抵抗を受けず実現しても、一旦戦場となれば敵軍の意思は最後の段階迄実力を以て抗争することになるのである。〔…〕

由来軍部の統帥と人事に対する批判は長く禁忌《タブー》として神聖視された。特に海軍人事の如きは係数の多少による順位、機械的公平主義、経歴による無批判の栄転主義は、その極まるところサマール島沖の敗将を兵学校長に据えるに至った。しかも幾多人事の不当に由る責任は未だ曾つて糺明された前例がなく、戦局の変転に従って遂には敗戦の責任を問うことすらできないようになったのである。

（高木、x―xi頁）

山本は軍内での出世とは無縁の甲幹出身将校であったせいか、軍の杓子定規な学歴主義とこれによる将校促成栽培の問題点を冷静に観察していました。同氏は「部下を見てしばしば、『なぜ、このような優秀な下士官を将校に抜擢せず、私などを将校にしたのか』と不思議に思った」（山本 一九九九、四六頁）としてさらに次のように述べています。

「我に帰る」。すると急にすべてが、どうみてもおかしい。〔…〕連隊には優秀な准士官・下士官がいくらでもいる。あの准尉には中隊長がつとまるだろう、この曹長には小隊長がつとまる。あの人たちの階級をぐんぐんあげて、能力に応じて、中隊長にも大隊長にもすればよい。そうすれば、〝自転〟する組織とそれに乗っかった幹部という奇妙な関係は足止めできるのではないか。危機だ危機だと言いながら、なぜそれをしないで、「学歴」とテストで幹部候補生を選抜し、幹部を粗製乱造するのであろう。

（同、五八頁）

千早は予備学生出身士官に対して、「海軍当局者の期待をはるかに越えるものであった」（千早、二四三頁）として賞賛したうえで、第一線部隊ではなく、計画、管理、技術など、彼らが受けてきた教育や経験が生かせる分野に配置すべきであったと述べています。これらの意見などを勘案すると、問題は、軍が学歴による知の実質ではなく、その形式にしか目を向けなかった点にあります。未熟な中尉機長と同乗の熟練搭乗員の犠牲は、その悲惨な結果です。

従来の日本の学歴と年功序列による人事管理は、軍隊を範とした「官庁身分制度」（小熊、二二五頁）に基づいています。そこにまず存在するのは牢固とした組織です。その上で役職を、学歴や年齢などの序列に応じて、これにふさわしい〈格〉の人物に割り振るというやり方は、旧軍のみならず今日の役所などにもしばしば連続しています。このような人事の方式は、〈適材適所〉を謳いつつも、〈入閣待機組〉という不思議な言葉が物語るように、当選回数による大臣職の配分などにも見られます。しかし当人が、〈学歴が高く、年功を積んだ人は内容・実力を備えているはず〉というタテマエ通りであるとは限らず、それが検証される場もありません。これは丸山真男の言葉を借りて言えば、日本では「『する』こと」よりも「『である』こと」が今もなお往々にして評価されているからでしょう（丸山、一五三―一八〇頁）。また職務への取り組みよりも、役職や肩書だけが関心の的という人もいます。したがって人事による〈人心一新〉ばかりでは問題が解決しないのは当然のことです。

13　堀栄三という例外

精神主義や形式主義が強い日本軍にあって、理と実を追求し、自分の頭で考えた軍人の一人に堀栄三がいます。堀は陸幼、陸士、陸大を卒業し、大本営の情報参謀を務めたという経歴上はエリートそのものです。しかしその生き方と仕事ぶりは他の軍人とは大きく異なり、そこからまた日本軍の問題点が見えてきます。

陸大卒業まで

堀は陸士卒業後に満州の騎兵連隊で少尉に任官し、初年兵教育の教官を務めます。ある時、師団長に相当する騎兵集団長による検閲が予定されました。連隊全体が集団長の官姓名の暗記、教育と訓練・生活の場である内務班の整理整頓、不動の姿勢などの準備を徹底的に行います。検閲の時、集団長は「字もやっと書ける程度の鈍根組」（堀、六四頁）の一人である岡野二等兵の前で立ち止まり、自分の官姓名を問います。これに対して岡野は「『あなたが集団長さんでないか』」と答え、これに集団長は「『そうだ、わかっておれば良い』」と答えて「岡野の緊張した肩に手をやって軽く叩いた」とのことです（同、六四―六五頁）。堀にとってはこれが一生忘れられない経験となり、次のような教訓を得た由です。

——一体、何のために集団長の官姓名まで覚えさせなければならないのか？／こんなことが上手なのと、軍の戦力と、どう関係があるのか、〔…〕。堀はこのとき以来、軍の形骸化ということを考えるようになった。／〔…〕／「俊才は絶対に勇者にあらず、智者も決して戦力になり得ず」／それが、少尉になって間もなく、堀が被教育者の岡野二等兵から事実をもって教えられた終生の確信であった。（同、六五—六六頁）

実際に岡野二等兵はその後の戦闘で「弾雨を冒して勇敢に行動して、連隊中にその名を轟かした勇者となった」（同、六五頁）由です。

一九四〇年に堀は陸大に入学し、小沼治夫教官の戦史講義を受講します。小沼は参謀本部戦史課員として日露戦争の研究を行い、戦闘は火力に左右されるという結論に達し、精神力への過度の依存や肉弾突撃に異を唱えた〈異端〉の軍人です。「ノモンハン事件研究委員会」でも小沼は火力や機動力の不足など日本軍の弱点を指摘します（鈴木伸元、九二—一二三頁）。そうした小沼から堀たちに〈日本軍最精鋭と言われた第九師団が第二次上海戦で悪戦苦闘した理由は何か〉という課題が与えられます（堀、三二頁）。

他の学生の意見には、背後に控える中国軍督戦隊の影響、射撃能力の向上といった「表層的観察に走ったものが多かった」（同、三二頁）由です。これに対して堀は、満州で体験した運動戦と第九師団が遭遇した陣地戦が機敏に反応し（同、三三頁）、「陣地という殻《から》に入ったときは、既成概念の支那軍ではない。〔…〕／鉄量を破るものは突撃ではない。ただ一つ、敵の鉄量に勝《まさ》る鉄量だけである」（同、三三―三四頁）という結論を導き出しました。堀はこの講義について、精神的要素よりも『鉄量』という戦力がいかに大きなものであって、少々劣弱な軍隊も、鉄量物量の壁の向う側に隠れてしまうものだ、ということを知った」（同、三五頁）と述べています。

授業の価値はそれ自体というよりも、学習者がどのような姿勢や問題意識をもってこれに臨むかによって大きく左右されます。すなわちそれは、教員との共同作業の中で学習者自らが作り出すものです。こうした点で堀は教えられるままに蓄積に励むのではなく、自分の頭で考え、教官とも積極的にかかわっていったようです。

> 堀を担任してくれた教官とも、思い切った意見を述べて問答し、自分の人生観、戦争観を持つことが出来たと思っている。／戦術、戦史はその意味で、自分の思考に大いに役立った。ただ一部の学生たちは、自己を忘却し、いたずらに教官に迎合して成績本位に走る傾向が見られたことも事実であったが、それはどこの社会にもあることであろう。しかも優等生という者にそれが多いというのも皮肉だが、結局教官に思い切り自分をぶつけていく者だけが、自分を作り上げていくようであった。（同、三九―四〇頁）

このこともまた勉学における学習者の能動的・主体的関与と対話の重要性を示しています。授業や知識が一般商品のように売り買いになじまないことは、こうした原理的問題にもよります。

堀はまた陸大の再審を受けるにあたって訪問した土肥原賢二中将からの「文字や形の奥の方には本当の哲理のようなものがある。表層の文字や形を覚えないで、その奥にある深層の本質を見ることだ」(同、二一頁)という助言に感銘を覚えます。これらの点から考えるならば、堀が「鉄量」の重要性に思い至ったのもまた、日頃からの問題意識と、〈本質を見よう〉という姿勢でこの講義を受け止めたからでしょう。したがって鉄量という概念は、小沼が教えたというよりも、この講義や課題を契機として、堀自らが〈宿した〉と言えます。こうした点で陸大を〈大学校〉本来の知的生産の場として機能させたのもまた堀自身であると思います。堀は同じく軍人であった父と親交のあった寺本熊市中将から陸大在学中に次のような教えも受けます。

「陸大だけが人生の最終目標ではありませんぞ、陸大は一つの通過駅で、そこで何を汲み上げたかが大事なこと、そしてそれを元《もと》にしてこれから以後どう生きるかが、もっと大事なことですよ。〔…〕／陸大を人生の最終目標にして権力の座について、椅子の権力を自分の能力だと思い違いしている人間ほど危険なものはない」(同、四一頁)

これは陸大を偏差値や難関大学、有名企業などに置き換えれば今日にも該当することです。

情報参謀として

陸大卒業後の一九四三年一〇月に堀は大本営陸軍部のドイツ課に配属されます。しかし組織改編によって二週間後にソ連課に移動します。同課で二週間足らず勤務した時、有末精三情報部長からソ連戦況の説明を翌日から担当するように命令されます。しかし堀は、まだソ連の詳しい地名も覚えていないので、もう少し猶予してほしいと正直に言います。これに対して有末部長から「何を！　そんな奴は参謀の資格はないッ！」（堀、五四頁）と面罵され、参謀飾緒を引きちぎられそうになります。

大本営とは陸軍の俊才が集まるところであった。俊才とはこんなときに、わかった顔して引き受けるのだろうか。目から鼻に抜ける人間が天下の俊才というのだろうか。嘘でも丸めて本当のように喋るのが大本営参謀であろうか。しかし、どうもそうらしい。

〔…〕いずれにしても堀には、あのときあの返事しか出来なかった。出世街道をひた走りに進んできた有末部長のような幕僚型の人物とは、こういうタイプの人物をいうのだろうか？（同、五五頁）

堀はこの時から、「堀は『岡野でいこう』とひそかに決意した」（同、六六頁）由です。翌々日に堀は米英課の米国班に転属させられます。同課で米軍の戦法について研究するに先立ち、杉田一次課長の配慮で同年一一月末に南方の戦場視察に派遣され、ラバウル、フィリピンなどを回って前線の状況を実見し、体験します。またニューギニアのウェワクでは寺本中将と再会し、米軍の戦法や戦場の実相、戦訓などに関する貴重な教えを受けます。こうして得た教訓の中で最も重要な点について堀は次のように述べています。

満州では敵は飛行機を持たなかった。爆弾を受けながら初めて攻者と防者の精神的格差の桁違いの大きさを知ることが出来た。それゆえに第一線の苦衷を自ら経験したことのない大本営参謀が東京の机の上で書く命令や計画が、いかに形式に流れて、第一線の現実にほど遠いものであったかも理解した。杉田課長が堀を南方に出したのは適切な処置であった。(同、七五頁)

こうした体験や戦訓などからの知見を第一線部隊に広めるべく、堀たちはこれを『敵軍戦法早わかり』という本にまとめます。この書名は「『みんなが読んでくれることが大事ですよ』」(同、一三九頁)という慶大文学部出身の応召将校掛川長平少尉の発案によるものです。堀もまたこの題名によって「一人でも読む者が増えれば、それだけ戦力が増すことになる。／〔…〕要は日本軍の戦力を増すことであって、名前や形ではない」という実をとり、「戦法要覧とか、戦法概要という軍隊臭の題名は没にした」由です(同)。

一九四四年一〇月、堀は同書を前線部隊に普及させるためにフィリピン出張を命ぜられます。南方行きの飛行機に乗るために宮崎県の新田原飛行場に行くと、ちょうど台湾沖で航空戦が行われており、南方行きの便は運航中止の由です。しかしその時、以前から疑問の多かった航空戦の実相を知る絶好の機会だとの考えが閃きます。そこで航空指揮所と談判してボロ偵察機を工面してもらい、鹿屋の海軍飛行場に飛びます。

そこは帰投した搭乗員からの〈大戦果〉の報告で沸き返っています。しかし堀は「——一体、誰がどこで、どのようにして戦果を確認していたのだろうか?」（同、一六一頁）という以前からの疑惑を確かめる絶好の機会と考えます。そこで海軍の操縦員を片端から呼び止めて、「どうして撃沈だとわかったか?」、「どうしてアリゾナとわかったか?」、「暗い夜の海の上だ、どうして自分の爆弾でやったと確信して言えるか?」、「雲量は?」といった質問を次々に浴びせます（同、一六二頁）。すると彼らの答はしだいに怪しくなってゆきます。そして「戦果確認機のパイロットは誰だ?」の問いには答がありません（同）。その時、海軍機と共に出撃し、一人傍らに座っていた陸軍の飛行服姿の少佐が、〈自分の部下は誰も帰って来ない、あの猛烈な防空弾幕を潜り抜けられるのは十機に一機もないはずだ〉と言います（同）。

これによって堀はこの〈大戦果〉が誤りであることを確信し、その旨を大本営陸軍部の情報部長宛に緊急電報で報告します。しかし戦後判明したところによると、この電報は作戦課で握りつぶされます（同、一八八頁・保阪 一九九九、一三〇—一五三頁）。その結果、米機動艦隊が壊滅したことを前提として〈ルソン島決戦〉から急遽変更して行った〈レイテ島決戦〉は失敗します。

堀は『敵軍戦法早わかり』の普及活動を行う暇《いとま》もなく、フィリピンの第一四方面軍参謀に発令され、山下奉文大将から米軍のルソン島への来寇予測の特命を受けます。堀は米軍機の来襲状況調査や米軍通信諜報などの〈徴候〉に基づく理詰めの検討を行い、本章6での判断を下します。かくして堀は米軍の行動を次々に正確に予測、的中させます。その後堀は東京に戻って大本営情報部に復帰し、米英課は米軍の南九州と関東地方への上陸作戦計画も正確に予測します。

堀の示唆するもの

堀の思考と行動の底にあるのは次の三点だと思います。
——自分の目で現実を見て、そこから自分の頭で理を帰納的に考える。
——表面に惑わされることなく、その奥にある本質を見る。
——形式よりも実を取る。

その真骨頂は、新田原から鹿屋まであえて足を運び、搭乗員と直接言葉を交わす中から〈大戦果は誤りで、米機動艦隊は健在〉という実体を突き止めたことです。堀はこの結論に至ったのは「一年にわたって太平洋での航空戦の戦果を研究してきた情報参謀の持ち続けていた『?』に対する職人的勘にもひとしい結論であった」(堀、一六四頁)として、次のように述べています。

しかもそれにはそれなりの下地があってのことだった。堀の分厚いノートには、米艦船の数や備砲や艦型や、機動部隊の構成などの詳しいデーターと、過去の航空戦の戦果発表とその誤差などが記述してあった。勘というのも重要な洞察であって出鱈目《でたらめ》の出まかせではない。研究に研究した基礎資料を積み重ねて、その中の要と不要を分析して出てきたものが情報の勘である。目前の現実を見据えた線と、過去に蓄積した知識の線との交叉点が職人的勘であって、勘は非近代的な響きだというなら、積み上げた職人の知識が、能力になった結果の判断とでもいったらよい。（同）

これが単なる知識の集積や学力を越えた知力というものでしょう。堀は経験を通じてノートに必要な事項を選定し、記載内容を充実させると共にこれらを関連させ、そこから一定の法則や適用条件、使用手続きなどを発見し、身に付けていったのだと思います。そして堀はこうした作業を通じて、知識から〈知力〉、すなわち彼の言葉で言えば「職人的勘」を自ら作り出したのだと思います。このことは「積み上げた職人の知識が、能力になった結果の判断とでもいったらよい」という堀自身の言葉が物語っています。

堀と他の軍人の違いは何に由来するのでしょうか。最終的には〈個人の資質や料簡の問題〉ということになるのでしょう。しかしそこで目に付くのは、堀は〈上官などから厚遇を得て助かった、多くを学ぶことができた〉といった感謝をしばしば述べていることです。そしてその背後にあるのが「結局教官に思い切り自分をぶつけていく者だけが、自分を作り上げていくようであった」という言葉に見られる能動的でありながら謙虚な姿勢や資質です。したがって〈厚遇〉なども与えられたというよりも、いわば自ら引き出したと言えるでしょう。

堀はまたあちこちで前線部隊の苦闘についての共感と大本営への批判、そこから引き出される大本営や自らの責務について言及しています（同、七一、九二、一一〇、一三七、一五七―一五八頁など）。また「情報は教えて貰うものではなく、使命を感じて覚えるものであり、良い数々の親方に出会った堀は仕合せであった」（同、二二二頁）とも述べています。しかし堀の思考と行動を考え併せると、岡野二等兵を始めとする人々を「良い数々の親方」にしたのは堀自身であると言えます。そして堀を理と実を追求する本来の参謀としたのは、まず職務に対する責任の自覚と謙虚さ、そして分からないものや納得がゆかないものに真正面から立ち向かう勇気と誠実さではないかと思います。これは有末部長との一件や台湾沖航空戦の実相究明に見て取ることができます。

こうした点から堀と他の多くの軍人を隔てるのは、〈参謀であること〉に自足するのではなく、〈何をするのが参謀か〉という自己への絶えざる問いかけの有無であり、これは職務を越えた彼の生き方の問題でもあったのだろうと思います。

終章　言葉の「質の充実」に向けて

学歴貴族・軍人／軍学校生徒・『なんクリ』的世界の住人の共通点

教養主義育ちの学歴貴族と軍人や軍学校生徒は出自や興味・関心、ハビトゥスの違いなどから互いに反発していました（竹内 一九九九、二六八—二七六頁）。しかし彼らは西洋文化志向という点で対立する一方、いずれも勤勉でまじめな武士・農民文化の一員です。時代は異なりますが、これに『なんクリ』的世界の住人が加わったらどうでしょうか。彼らは西洋志向という点では学歴貴族と一致するものの、彼らから軽薄な享楽主義者としてバカにされ、由利たちもまた彼らを堅いばかりの野暮天として嫌うでしょう。そして両者は軍人から〈西洋かぶれの穀潰し〉としてひとまとめに軍刀で斬り捨てられそうです。

しかしこうした表層での対照性とは逆に、彼ら三者にはある共通性があります。それは所与の権威の枠内での学習、適応競争に憂き身をやつし、それぞれの小宇宙の中で〈出世〉を競い合っているという点です。異なるのは掲げる錦の御旗が文化・教養か、天皇・軍隊か、西洋の高級商品や上層階級風ハビトゥスであるかという点だけで、何らかのブランドの〈追っかけ〉競争をしているという点ではいずれも同じ穴のむじなです。その結果彼らは自らが忠誠を誓う旗印自体に懐疑を抱くこともなく、これへの適応と受容量の拡大に励むばかりで、基本的に自分から何かを生み出そうとはしません。

田中は第3章2に引用した正隆の「本もあんまし読んでないし」に付した註で次のように揶揄

しています‥いくら、本を読んでいたって、自分自身の考え方を確立できない頭の曇った人が一杯いますもの。本なんて、無理に読むことないですよ（田中、一七六頁）。もとよりこれは教養主義者のみならず、ブランド品の所有を誇示する『なんクリ』世界の住人、そして〈これがだめなら別の手で〉という自立した思考と行動が上にゆくほど欠けていた軍人についても該当することです。

　教養主義は受験勉強と一見対照的に見えます。しかし第4章2でも述べたように、いずれも「知識獲得作業」という点では共通しています。これらのことを考えれば、教養主義者もまた、一般社会から遊離して内に閉じた「溜め込み型学習」の勝ち組に過ぎないという点で、皮肉にも軍人と似たり寄ったりです。山本はこの点について次のように指摘しています。

> 小松氏は日本人の特徴として「教育があって教養がない」と記しているが、これは、輸入の体制がつくり出す、一つの人間像でもあろう。すなわち、共通の感覚とそれをつちかった伝統のつくり出した気質から遊離した教育の階梯《かいてい》をのぼって行くことは、過去の軍人がその階級をのぼって行くのと、似た現象とならざるを得ないからである。
>
> （山本二〇〇四、二八九―二九〇頁）

　これはまた彼らにおける目的と手段の倒錯という点での共通性でもあります。文化・教養は良き市民として生きるための、軍学校で叩きこまれる知識や能力は戦争に勝つために利用する手段です。また高級な商品や上層階級的ハビトゥスの習得は豊かな生活にとっての、受験勉強もまた大学での勉学などの手段に過ぎません。ところが彼らにとってこれらは、他者との習得偏差値競争によって自己目的化し、手段としての役目を果たしていません。彼らの多くが自ら何かを生み出そうとしないのはその必然的結果にほかなりません。

しかし「部隊長級の将校の中にも、極少数は肩章をはずしても人間の階級中上位に座る人があった。こういう人の部隊は戦争中よく戦い、強い部隊で、部下を完全に掌握していた」（小松、二四〇頁）ということは、今日の学歴エリートなどについても見られることです。そして〈よく戦い、強く、部下を掌握〉が自立や生産の一種であることを考えると、そのためには適応に基づく学歴や成績とは異なる意志や料簡といったさらに何かが必要なのだと思います。

窮屈と規律

旧軍のみならず今日の学校や教育、社会について考える上でも重要なのが、日本軍は「『きゅうくつ』を規律と錯覚していた」（山本 二〇〇四、二八三頁）という指摘です。

組織の絶対制とか、軍紀のきびしさ、礼法の厳密さ、という点では日本軍は、世界のあらゆる軍隊よりきびしく、融通がきかず、そしてこの融通がきかないことを、逆に、一つの誇りとしていた。従って、組織そのものを見れば超合理的でありながら、現実から遊離した、完全に不合理なものとなっていた。／〔…〕そのため、すべての人間が、一言でいえば、「きゅうくつ」でたまらない状態に置かれていた。（同）

こうした「きゅうくつ」は今も日本のあちこちに見られます。その典型が刑務所です。そこでの生活は詳細にわたる窮屈な規則に支配されており、受刑者の自主性や主体性は徹底的に排除されます（安土、二五五頁）。その結果「もし勝手に何かをすれば懲罰が待っている。そのため受刑者はいつのまにか指示待ち人間になり、シャバに帰ってもなかなかその習性から抜け出せないのだ」（同）ということが起きてきます。これを安土は「懲役ボケ」（同、二五六頁）と呼んでいます。

窮屈は本来誰にとっても苦痛なはずです。そこで窮屈によって保たれている形式的な行動規範などは、これがなくなれば崩壊します。これに対して、本来の規律とは内発的なもので、窮屈がなくとも保たれるものが規律でしょう。

〈まじめ〉と〈いじめ〉

軍隊や刑務所ほど極端ではないにしても、各個人よりも全体と形式の優先による窮屈という点で構造を同じくするのが学校です。そこには制服と煩瑣な校則や行動規範があり、懲罰ならぬ試験圧力のもとに勉学や生活が行われています。これは上述のように日本の学校教育が、時計と規律に従って軍隊や工場などで統一して行動できる近代国民造成のために導入されたことを考えれば不思議ではありません。

さらに日本の学校の大きな特徴は、〈学級〉が学習のための機能集団であることを越えて、「多様な活動を導入した生活共同体、あるいは感情共同体へと、大きく変容させられ」（柳、一五六頁）て運営されていることです。その結果として学級は「『がんばる』の共同体」（朝日、二〇一一年六月五日）化し、これは宝塚歌劇団やアイドルグループのひな型でもあります。

「学級」が機能集団であれば、子どもの生活の一部分を「学級」が占めるに過ぎない。逆に「学級」が生活共同体化するということは、「学級」が日々の生活のすべてをおおい、支配することを物語る。「学級」は多用な活動を抱え込み、「重たい学級」となる。〔…〕／逆に「軽い学級」であれば、学級の活動は学習機能に限定され、自己抑制をした分の代償として、成績向上という成果がもたらされねばならないという自覚が生まれやすい。〔…〕成績が向上しなければ、目的が達成されていないことが、当事者の問題として自覚されやすい。また、毎日の授業に目的意識を持って臨む態度が形成される。（柳、一七四頁）

こうして軍隊や刑務所と同様に、所属を強制されて逃げ場がない学校や学級は、主体性を排除し、懲役ボケならぬ〈学校ボケ〉と〈指示待ち〉を生みます。柳は「重たい学級」では「学習に対する目的意識は形成されず、自己抑制と満足との均衡感も自覚されにくい」（柳、一七四—一七五頁）としてさらに次のように述べています：このような「学級」の中での生活とは、目的を知らないまま、あるいは達成感を感じることもなく、自己抑制を継続することに他ならない。自己抑制は自己目的化し、児童・生徒はひたすらまじめであることが求められる。あるいは、まじめであることが、しばしば教育効果が上がった成果として強調される（同、一七五頁）。これは受刑者が刑務所でひたすらまじめを要求されるのと同じ構造です。しかし再犯はなくなりません。

旧軍と学校は死者や自殺者さえ生む〈私的制裁〉やいじめの多発という点でも共通していま す。その背後にあるのも、全体と形式の優先や組織の自閉による風通しの悪さと窮屈、まじめの強要などから生まれる鬱屈です。松永（他）は「同じ部屋に閉じ込めて同じことをさせるから、みんなストレスを感じて、いらぬ差別感を生み出してしまう」（松永（他）、四七頁）のであり、このことが学校のいじめの温床にあると指摘しています。これは両者の構造的共通性を考えれば、決して偶然ではなく、学級は子供たちにとっての内務班であるとも言えるでしょう。

昨今の大学生や大人の子供じみた各種の愚行は、幼い頃から羽を伸ばして遊んだり、不まじめや逸脱が許されてこなかったことのツケが回ってきたのだと思います。これには社会に強まる管理・統制主義、危険要因などを極力事前に除去しようとする〈安心・安全・健康ファシズム〉とも呼ぶべき風潮や世の中の〈除菌化〉、〈お利口さん化〉の影響もあります。これに対して今日の学校・大学の立て直しに必要なのは、窮屈な統制や管理の強化とは逆に、自由と風通しの良さの拡大によって生徒・学生に自分で呼吸させ、頭に酸素を送らせることです。

学級と学習意欲

窮屈の支配とこれへの服従は、考えることを他者に委ねることであり、意志や自発的行動の芽を摘みます。秩序や統制の優先は、組織の目的や性格上、軍隊や刑務所にはある程度しかたがない面があります。しかし学校は本来一人ひとりの人間をその異なりと共に育てるところです。それにもかかわらず学校生活を通じて形成された主体性や目的意識の欠如は、自立と自律が求められる大学での勉学と生活にも負の影響を及ぼします。

教室の仲間との、あるいは学校の同輩との競争意識によって動機づけられるという特徴を持つこの学習意欲は、競争相手の消失と共に低下していく。小学校から高等学校まで、固定化された「重たい学級」の中で競争状況に置かれ、大学に入学したとたん固定的学級がなくなり、選択科目による流動的学級制が日常化した時、競争相手を持たない学生はなすすべを知らない。あるいはまた、大学に進学したとしても、何を本当に学びたいのかわからない学生が、大量に産出されることとなる。進路決定における目的意識の希薄さ、そしてフリーターと呼ばれる若者の増加もまた、このようなゼロサム競争に依存して学習意欲をつくる「学級」のあり方と無縁ではないだろう。（柳、一七六頁）

こうして軍学校同様に、学校が試験と競争圧力の下に児童、生徒の生活までも覆い、統制することによって、生徒は学校を相対化して外の世界に目を向ける余裕がなくなります。そこに彼らの側からも生まれるのが〈学校の勉強だけしておればいい主義〉であり、これは無気力や学校外での勉学、読書などへの無関心を引き起こします。こうした角度から考えるならば、内発的勉学意欲の低下や高学力／低知力、そして入学歴主義は学校教育の不足によってではなく、逆に過剰による栄養失調症であるとも言えるでしょう。

酸欠社会と無気力

しかし他律的で窮屈なのは学校や軍隊、刑務所だけではありません。日本社会には、これらにおいてのように明文化されていなくとも、細かな〈暗黙の行動規範〉や近年では〈マナー・ルール〉、〈無言の圧力〉などが張り巡らされています。学校と社会のどちらが原因か結果かを論じても詮無きことです。しかし人々が学校や大学を経て社会人となり、彼らが今度はこれを運営・管理することを考えれば、両者の影響は相互的です。

海や湖では潮流や川などによる水の循環が絶たれると、水質の悪化や酸欠が生じ、そこは〈死の海〉と化します。異論や外部からの空気の流入を抑圧した独裁国家や社会主義諸国が自滅した大きな理由もそこにあります。その何よりの問題は、人々がこうした窮屈や酸欠に適応することによって、意見の形成や自己革新の能力が衰退し、無気力が蔓延することです。これは今日の日本にとって決して他人事ではありません。学校と社会の負の連鎖を何とかするのは子供ではなく、大人の義務と責任です。そのためにはまず大人が窮屈と規律を区別し、〈自由闊達な議論〉が可能な風通しの良い社会と組織を作る必要があるでしょう。

言葉における「質の充実」

他律と形式好きという点で、今日の言葉をめぐる問題も上のような日本社会の図式と重なります。漢字の読み方や書き方のような知識の量や形式については学校でやかましく指導され、成績評価が行われます。しかし自ら考え、意見を理由と共に組み立て、これを読み、書き、聞き、話すことによって意思の疎通を図る教育は依然として貧困なままです。こうした中で〈情報化時代〉が到来し、インターネットやSNSが登場します。われわれは言葉の使用についての適切な訓練や経験も乏しいままに、今や過剰な情報の海に溺れつつ日々書き飛ばし、読み飛ばすという言葉の大量消費を行っています。こうして行われる〈コミュニケーション〉なるものや、閲覧数などといった戦果の果てが粗雑で貧困な思考や言葉の自己増殖です。これらのことを考え併せるならば、言葉についてもまた必要なのが、量の拡大から戦線を縮小し、「質の充実」へと路線転換して足許を固めることです。

田畑の手入れ

地方で列車に乗っていると、かつての田畑が荒れ果て、草木が茂って原野化しつつある光景が目に付きます。これを見ると宮本常一の次の言葉を思い出して胸が痛みます。


〔…〕一枚の田は何百年というほど米を生み出してきたし、一枚の畑はいろいろの食物を生み出してきた。生み出すのに努力したのは百姓たちだが、その長いあいだ土を疲れさせなかった。搾取されてボロボロになったのではなく、若々しく生きつづけてきたのである。

それは同時に、農民が若々しく生きつづけてきたことを物語るものではなかろうか。

（宮本、一九一―一九二頁）


田畑の維持には堆肥を入れる、耕す、草むしりするなど手間暇がかかります。しかしこれを怠らなければ、宮本の言うようにいつまでも田畑は若々しく生き続け、そこから得られる実りを人間は口にできます。そこにあるのは生産と消費の循環です。しかし近年はこれが崩れてきています。その象徴が田畑を潰して作ったショッピングセンターです。そこではかつてそこにあった田畑が毎年生産していたよりもはるかに大量の食物が消費されます。しかし消費するためにはどこかで誰かが生産しなければならないのに対して、ショッピングセンターは右のものを左に動かすだけで、何も生産しません。

そこでこれを日本は〈効率〉の名のもとに海外の畑に任せ、収穫を買ってくることで穴埋めしてきました。しかし世界人口と肉食の増加、環境問題と農地の減少、そして日本の懐具合も大分怪しくなってきたことから、この方式が今後も維持できる保証はありません。だからと言って荒廃させた田畑を元に戻すのは大変です。またその地ごとの栽培技術の伝承なども途絶えつつあります。かつて南海の孤島の守備隊として送り込まれた日本軍部隊は補給を絶たれ、自給もできずに多くの餓死者を出しました。こうした事態が、ほどほどの気温と降水、日射に恵まれた本来農業適地である〈豊芦原の瑞穂の国〉でも起こるかもしれません。

頭の手入れ

上に述べたことは勉学や言葉の使用にも該当することだと思います。自分の頭を田畑だとすれば、自主的な勉学や読書などは堆肥を鋤《す》き込んでの土作りのようなものです。こうした手入れにも手間暇がかかります。しかしこれを続けていれば、頭は若々しく生き続け、そこからささやかなりとも自前の意見や言葉などが生産できます。これに対してインターネットなどはショッピングセンターのようなものです。そこへ行けば、楽に見栄えの良い意見や言葉などが大量消費できます。しかしその供給が途絶えたらどうなるでしょう。後はペンペン草も生えない頭の廃墟です。

戦前は本や新聞に振り仮名が付けられていたので、小学校卒でもこれで漢字を身に付けたという話を耳にします。また比較的最近まで通勤・通学列車の中でも多くの人が本や新聞、雑誌などを読んでいました。これらは偏差値や成績を上げるための勉学とは異なる次元で、知力と日本語能力の国民的規模での維持／向上のために大きな役割を果たしていたと思います。そしてこれが日本の〈強さ〉の一因でもあったはずです。これに対して今日の人々は、二宮金次郎もどきの〈歩きスマホ〉までして一体何をしているのでしょうか。また私立の一貫校や塾通い、幼児教育にお習い事などの教育商品の購入も盛んです。これらは勉学や能力形成のいわば外部委託ないしは輸入消費のようなものです。しかし〈金の切れ目が縁の切れ目〉という言葉もあります。

かくして自分で自分の頭の手入れを怠る時、その結果はどうなるでしょうか。その兆候の一つが近年の「搾取されてボロボロになった」思考と言葉の荒れや原野化だと思います。こうした点からも勉学や読書などは学校に任せっぱなしにすることなく、食糧生産と同様に自分の手で握って離さず、学校外の場や機会も利用して常に心がける必要があるでしょう。

あとがき

第1章2に述べた「〈する〉と〈なる〉」とは半世紀ほど前からの付き合いです。二〇代後半で勤めを辞めて大学院に入ったものの、修士論文に困りました。そこで題材を探すために月刊『言語』の過去号をめくっていた時、この問題に関する池上嘉彦の連載記事に行き当たりました。そのおかげで、ドイツ語の中で受動態は一種の〈なる〉的表現の役割を果たしているとする修論が書けました。

しかし不思議なのは、他の記事ではなく、なぜこの連載に〈ピンときた〉かということです。これは頭の中の感知機のようなものがこれに反応したからなのでしょう。しかしその理由は分かりません。こうした点では筆者の修論は〈なる〉の所産であったとも言えます。しかし〈題目を探そう〉という意志を欠き、あるいは図書館に足を運んで探索していなかったら、この連載に出会うこともなかったはずです。そうした意味ではこれは〈する〉の所産でもあります。

こうした経験からも立ち至るのが、物事は本人の意図的な〈する〉と、自らの力の及ばぬ〈なる〉のせめぎあいの中から進むという平凡な結論です。もとよりこの世はなかなか意の如くなりません。しかし〈人事を尽くして天命を待つ〉という言葉も考えると、やはり〈やれることはやってみる〉ことは大切でしょう。

以上のようなことも振り返りつつ、最後に読者のみなさんの人生における〈する〉と〈なる〉の良き展開をお祈りします。

〈はしがき〉に述べたような経緯を経てでき上った何やら得体の知れない原稿の編集には、今回もまた早稲田大学出版部の武田文彦氏に多大な労をとっていただきました。心からお礼申し上げます。当初最後に置くつもりだった第1章を冒頭に置き、そこから時代をさかのぼる順番で書いてはどうかという大胆かつ的確なご提案がなければ、本書は誕生しなかったでしょう。

二〇二四年一〇月

原口　厚

参考文献

【書籍・雑誌・インターネット記事】（出版年は筆者使用の版・刷により、漢字の旧字体は新字体とした）

AERA　二〇二〇年九月二八日号「『排除』隠さぬ剛腕と傲慢」朝日新聞出版

AERA　二〇二三年四月八日号「『八〇年代』熱の正体」朝日新聞出版

AERAdot.　二〇二一年八月二一日「五七年前『夏の大阪』を疾走する路面電車」https://dot.asahi.com/aera/photoarticle/2021082000060.html　二〇二一年八月二二日閲覧

赤堀侃司（一九九八）「課題学習の実践の意義と課題」『日本ロボット学会誌』Vol.16　No.4　日本ロボット学会

浅野誠（一九九六）『大学の授業を変える一六章』大月書店

安土茂（二〇〇二）『実録！　刑務所のヒミツ』二見 WAiWAi 文庫

天野祐吉（二〇〇二）『広告論講義』岩波書店

天野祐吉（二〇一三）『成長から成熟へ』集英社新書

有田潤（一九九二）『入門　ドイツ語冠詞の用法』三修社

飯塚浩二（一九八〇）『日本の軍隊』復初文庫一　評論社

池上嘉彦（一九八一）『「する」と「なる」の言語学』大修館書店

石橋湛山（二〇一五）「大日本主義の幻想」松尾尊兊編『石橋湛山評論集』岩波文庫

伊藤勝彦（一九八一）『パスカル』人類の知的遺産三四　講談社

伊藤隆監修・百瀬孝著（二〇〇六）『事典　昭和戦前期の日本』
稲田豊史（二〇二二）『映画を早送りで観る人たち』光文社新書
岩永雅也（一九九一）「テレビ世代の『私語』」『ＩＤＥ――現代の高等教育』四月号　No. 323　民主教育協会
上田真緒　二〇一四年六月三日「日本のポエム化は中田英寿から始まった！」東洋経済ONLINE　https://toyokeizai.net/articles/-/38824　二〇二二年三月二二日閲覧　註：本稿は上田による小田嶋隆へのインタビューである。
内田樹（二〇一〇）『街場のメディア論』光文社新書
内田樹・白井聡（二〇二三）『新しい戦前』朝日新書
内田樹・白井聡（二〇二一）『日本戦後史論』朝日文庫
内田樹・白井聡（二〇一六）『属国民主主義論』東洋経済新報社
大井篤（一九八三）『海上護衛戦』朝日ソノラマ
大内健二（二〇一五）『防空艦』光人社ＮＦ文庫
大木毅（二〇二三）『戦史の余白』作品社
大隈秀夫・杉森久英・三国一朗（一九七八）「旧制高校の青春」『中央公論』三月号　中央公論社
太田昌志「第三章　学校外の学習機会」『「第五回学習基本調査」報告書［二〇一五］』ベネッセ教育総合研究所　https://berd.benesse.jp/shotouchutou/research/detail1.php?id=4862　二〇二四年五月九日閲覧
奥平祿郎（一九九〇）「第四章　戦時中の航空機の整備取扱の状況について」『日本航空学術史（一九一〇―一九

四五）』日本航空学術史編集委員会
小熊英二（二〇一九）『日本社会のしくみ』講談社現代新書
小沢昭一（一九九六）『放浪芸雑録』白水社
小田嶋隆（二〇一三）『ポエムに万歳！』新潮社
大日方純夫（二〇一六）「日本近代史のなかの早稲田大学教旨」『早稲田大学史紀要』四七　早稲田大学大学史資
料センター
加賀野井秀一（二〇〇四）『知の教科書　ソシュール』講談社選書メチエ
鹿島茂（二〇二二）『「パンセ」で極める人間学』NHK出版新書
加藤典洋（二〇〇九）「『アメリカ』の影」『アメリカの影』講談社文芸文庫
加登川幸太郎（一九九八）『陸軍の反省（上）』文京出版
唐木順三（一九六三）『新版　現代史への試み』筑摩叢書一三　筑摩書房
ガリー、トム（二〇二二）『英語のアポリア』研究社
北村恒信（二〇〇二）『戦時用語の基礎知識』光人社NF文庫
熊谷光久（一九八〇）「旧陸海軍兵科将校の教育人事」『新防衛論集』第八巻　第三号　防衛学会
『広辞苑』（一九七七）岩波書店
小松真一（二〇一四）『虜人日記』ちくま学芸文庫
今野真二（二〇二一）『うつりゆく日本語をよむ』岩波新書

斎藤環（二〇一四）『ヤンキー化する日本』角川ｏｎｅテーマ二一
斎藤美奈子（二〇〇二）『文壇アイドル論』岩波書店
信太正三（一九七七）『私の戦争体験史・新版』理想社
司馬遼太郎（二〇〇四）「日本人とリアリズム」『八人との対話』文春文庫
清水義範（二〇〇三）『行儀よくしろ。』ちくま新書
十二社（一九八一）「実務体験を持った〝学生〟」『陸士・陸幼』別冊一億人の昭和史　毎日新聞社
ジューコフ、ゲオルギー・コンスタノヴィチ（一九七〇）『ジューコフ元帥回想録』朝日新聞社
『出版年鑑　二〇一七年版』（二〇一七）出版ニュース社
将口泰浩（二〇一九）『キスカ撤退の指揮官』光人社ＮＦ文庫
白井聡（二〇一八）『国体論』集英社新書
白井聡（二〇一三）『永続敗戦論』太田出版
新堀通也（一九九一）「私語の研究」『ＩＤＥ――現代の高等教育』四月号　No. 323　民主教育協会
『新明解国語辞典』（二〇〇七）三省堂
杉田一次（一九八七）『情報なき戦争指導』原書房
鈴木徹（二〇〇一）「高等学校における学習力の現実と課題」『大学教育学会誌』第二三巻　第二号　大学教育学会
鈴木伸元（二〇一五）『反骨の知将』平凡社新書

高木惣吉（二〇一八）『太平洋海戦史』〔改定版〕岩波新書
高橋昌紀（二〇一七）『データで見る太平洋戦争』毎日新聞出版
竹内洋（二〇一一）「大衆主義という圧力鍋社会における『教養』の不可能性」『IDE現代の高等教育』一月号 No. 527　IDE大学協会
竹内洋（二〇〇八）『学問の下流化』中央公論新社
竹内洋（二〇〇三）『教養主義の没落』中公新書
竹内洋（二〇〇一）『大衆モダニズムの夢の跡』新曜社
竹内洋（一九九九）『学歴貴族の栄光と挫折』日本の近代一二　中央公論新社
竹内洋（一九九七）『立身出世主義　近代日本のロマンと欲望』NHKライブラリー
竹内洋（一九九六）『日本のメリトクラシー』東京大学出版会
竹内洋（一九九五）「旧制高校神話の解体」『大学進学研究』九月号　九四号　大学進学研究会
竹内洋（一九九一）『立志・苦学・出世』講談社現代新書
竹内好（一九八〇）「軍隊教育について」『竹内好全集』第八巻　筑摩書房
田中康夫（一九八一）『なんとなく、クリスタル』河出書房新社
千早正隆（一九九一）『日本海軍の戦略発想　敗戦直後の痛恨の反省』プレジデント社
筒井清忠（一九九五）『日本型「教養」の運命』岩波書店
寺田近雄（一九九五）『続・日本軍隊用語集』立風書房

寺本弘（二〇〇四）『戦車隊よもやま物語』光人社NF文庫
遠山啓（一九九一）『競争原理を超えて』太郎次郎社
徳田八郎衛（二〇〇二）『間に合わなかった兵器』光人社NF文庫
ドストエフスキー、フョードル・ミハイロヴィチ（一九九五）『地下室の手記』新潮文庫
戸部良一・寺本義也・鎌田伸一・杉之尾孝生・村井友秀・野中郁次郎（一九九一）『失敗の本質』中公文庫
中川靖造（二〇一〇）『海軍技術研究所』光人社NF文庫
永沢光雄（一九九六）『AV女優』ビレッジセンター出版局
夏目漱石（一九九八）『私の個人主義』講談社学術文庫
難波功士（二〇〇九）『創刊の社会史』ちくま新書
西浦進（二〇一四）『昭和陸軍秘録』日本経済新聞出版社
西岡常一（一九八八）『木に学べ』小学館
西林克彦（一九九九）『間違いだらけの学習論』新曜社
西村和雄（一九九九）「1　少数科目入試のもたらしたもの」岡部恒治・戸瀬信之・西村和雄編『分数ができない大学生』東洋経済新報社
『日本新聞年鑑　二〇二四』（二〇二三）日本新聞協会
野口恵子（二〇〇九）『バカ丁寧化する日本語』光文社新書
野口冨士男（二〇二一）『海軍日記』中公文庫

野田宣雄（一九九七）『ドイツ教養市民層の歴史』講談社学術文庫
野田宣雄（一九八八）『教養市民層からナチズムへ』名古屋大学出版会
波多野誼余夫・稲垣佳代子（一九九一）『知力と学力』岩波新書
浜矩子（二〇二一）「もう一つの所信表明演説」*THE BIG ISSUE* vol. 419　一一月一五日号
林望（二〇一三）『イギリスはおいしい』文春文庫
原口厚（二〇二〇）『ドイツ語読解法――目標と方法』早稲田大学出版部
原口厚（二〇一一）「失敗に学ぶ――より良き日本語レポート・論文の文体とことば遣いのために」『文化論集』第三八号　早稲田商学同攻会
広田照幸（一九九八）『陸軍将校の教育社会史』世織書房
藤井非三四（二〇二三）『日本人の戦い方』集英社新書
藤井非三四（二〇二二）『帝国陸海軍　人事の闇』光人社ＮＦ文庫
藤沢数希（二〇二二）『コスパで考える学歴攻略法』新潮新書
保阪正康（二〇〇五）『陸軍良識派の研究』光人社ＮＦ文庫
保阪正康（一九九九）『瀬島龍三』文春文庫
堀栄三（一九九七）『大本営参謀の情報戦記』文春文庫
本田由紀（二〇二二ａ）『教育は何を評価してきたのか』岩波新書
本田由紀（二〇二二ｂ）『「日本」ってどんな国?』ちくまプリマー新書

町田健（二〇〇四）『ソシュールのすべて』研究社
松永暢史と奥多摩少年作家連（二〇二三）『日本の教育、ここがヘンタイ！』ワニ・プラス
丸山真男（一九七三）『日本の思想』岩波新書
三根生久大（一九九二）『陸軍参謀』文春文庫
三野正洋（二〇〇二）『続・日本軍の小失敗の研究』光人社NF文庫
耳塚寛明（一九九一）「大学生の『私語の世界』」『IDE――現代の高等教育』四月号　No. 323　民主教育協会
宮野公樹（二〇一九）『学問からの手紙』小学館
宮本常一（一九九四）『民俗学の旅』講談社学術文庫
村上泰亮（一九八八）「大学という名の神聖喜劇」『中央公論』七月号　中央公論社
森毅（一九九四）『あたまをオシャレに』ちくま文庫
森松俊夫（一九九五）「第六章　陸軍の諸学校」森松俊夫監修・太平洋戦争研究会編著『帝国陸軍』翔泳社
文部科学省「表17　高等教育機関への入学状況（浪人を含む）」『各種統計情報　参考資料』https://www.mext.go.jp/b_menu/toukei/001/002/020807.htm　二〇二三年九月二八日閲覧
文部省「学制」（一九七二）『学制百年史　資料編』帝国地方行政学会
矢澤真人（二〇〇五）「こちら～になります」北原保雄編『問題な日本語』大修館書店
安永弘（二〇一七）『死闘の水偵隊』潮書房光人社
柳治男（二〇〇九）『〈学級〉の歴史学』講談社選書メチエ

山中峯太郎（一九五四）『陸軍反逆児』小原書房
山本七平（二〇〇四）『日本はなぜ敗れるのか』角川ｏｎｅテーマ二一
山本七平（一九九九）『一下級将校の見た帝国陸軍』文春文庫
山本平弥（二〇〇一）『防空駆逐艦「秋月」爆沈す』光人社ＮＦ文庫
養老孟司・茂木健一郎・東浩紀（二〇一三）『日本の歪み』講談社現代新書
吉田裕（二〇〇二）『日本の軍隊』岩波新書
読売新聞教育ネットワーク事務局（二〇一七）『大学の実力　二〇一八』中央公論新社
『ルミナス英和辞典』（二〇〇二）研究社
『ルミナス和英辞典』（二〇〇五）研究社
レジー（二〇二二）『ファスト教養』集英社新書

【新聞記事】（夕刊のみその旨を記した）

朝日新聞
二〇二四年
一月三一日　七頁「岸田首相の施政方針演説（全文）」
二月一〇日　一三頁「医学部に『くじ引き』で入ったら」
三月一三日　一頁「下村氏、政倫審出席へ」

七月九日　一三頁「『人質司法』の問題点は」
二〇二三年
一月一一日　二二頁「わかるようでわからない『桑田語』」
一月一五日　三九頁「問題量増　時事からも出題」
一月二二日　二頁「政権と専門家　徐々に溝」
一月二五日　三一頁「搬送困難　各地で多発」
一月二七日　一頁「海外永住　昨年二万人増」
二月五日　九頁「子どもたち、眠れてる？」
二月一三日夕刊　二頁「敷金精算　戻るのこれだけ？」
三月四日　二五頁「コロナ対策リード　批判も」
三月七日　四頁「ピリピリ　首相の下関入り」
六月二九日　二三頁「長年報じず　新聞・テレビに批判」
七月二七日　一頁「保険証廃止　方針変えず」
九月二三日　一三頁「ジョセーナラデワノカンセー　絶望『感』ではなく絶望」
二〇二二年
八月二五日　六頁「外食戦国時代の始まり」
一一月五日　三一頁「鶏卵王国に危機感」

二〇二一年

一二月一三日　二七頁「円の急落　来日公演に痛手」

一二月一三日　一頁「天声人語」

一二月一七日　一頁「戦後日本の安保　転換」

二〇二一年

一月一七日　三頁「共通テスト　読解力重視」

二月九日夕刊　一頁「持ち帰り容器　ごみにしない」

五月一二日　四頁「首相　かみ合わぬ質疑」

六月二四日　二九頁「旧姓併記　不便さ否めず」

七月一一日　二六頁「ワクチン不足　でも先手先手の台湾」

七月一六日　二頁「『開催だけが目的』　漂う無力感」

七月二三日　二頁「開会式前日　急転解任」

七月三一日　三一頁「緊急事態拡大　首相の会見要旨」

八月一八日　一三頁「首相の『ふう』　気の抜けた炭酸水はまずい」

九月一七日　二九頁「言葉の破壊やめ　信じる価値語れ」

九月二二日　一二頁「どう思いますか　政治家のことば：(上)」

二〇二〇年

六月一三日　二頁「巨額補正　課題置き去り」

二〇一八年
九月二六日　一頁「『国語の乱れ』感じる人　減少」
一〇月五日　一頁「折々のことば」
一〇月九日　一三頁「感染者を責める私たち」
一一月一二日　二七頁「責任逃れの『〇〇感』」
一一月二一日夕刊　六頁「『博覧強記』の目に映る日本は」
一一月二六日　二八頁「〇〇感、独特の面白さも」
二〇一五年
七月二〇日　七頁「『理屈じゃない』　官僚一蹴」
一〇月二六日　一五頁「『誠に遺憾に存じます』」
一月六日夕刊　三頁「戦後の切れ目　刻んだ作品たち」
二〇一四年
一月一三日夕刊　三頁「なんとなく、黄昏の予感」
一月二六日　一五頁「危うさ秘めた感情過多の増殖」
二〇一一年
六月五日　一一頁「アイドル戦国時代　『がんばる』の共同体として」
二〇〇九年

六月一〇日夕刊　一〇頁「金銭になじまぬ認識・感情」
九月二三日　七頁「私たち『結婚未満』」
二〇〇六年
四月一九日夕刊　一〇頁「悲しいカタカナ語」

毎日新聞
二〇二三年
二月二三日　二頁「衆院予算委：『ＧＤＰ比二％倍増』修正」
二〇一八年
一一月二八日夕刊　二頁「安倍政権の言い換え体質」

東京新聞
二〇二四年
四月二〇日　二一頁「『配慮が足りない』炎上の行く末は…」

原口　厚（はらぐち・あつし）
早稲田大学商学部元教員。在職時の専門はドイツ語学・ドイツ語教育。特に、乏しい語彙と文法でテクスト内容を把握する読解法の理論・方法に関する研究及び実践を活動の中心とした。

早稲田新書025

日本人《にほんじん》と言葉《ことば》
—貧困化《ひんこんか》の背景《はいけい》を読《よ》む—

2024年11月22日　初版第１刷発行

著　者　原口　厚
発行者　須賀晃一
発行所　株式会社 早稲田大学出版部
〒169-0051　東京都新宿区西早稲田１-９-12
電話　03-3203-1551
https://www.waseda-up.co.jp
装　丁　三浦正已（精文堂印刷株式会社）
印刷・製本　精文堂印刷株式会社

ISBN：978-4-657-24013-2

早稲田新書の刊行にあたって

いつの時代も、わたしたちの周りには問題があふれています。一人一人が抱える問題から、家族や地域、国家、人類、世界が直面する問題まで、解決が求められています。それらの問題を正しく捉え解決策を示すためには、知の力が必要です。整然と分類された情報である知識。日々の実践から養われた知恵。これらを統合する能力と働きが知です。

早稲田大学の田中愛治総長（第十七代）は答のない問題に挑戦する「たくましい知性」と、多様な人々を理解し尊敬して協働できる「しなやかな感性」が必要であると強調しています。知はわたしたちの問題解決によりどころを与え、新しい価値を生み出す源泉です。日々直面する問題に圧倒されるわたしたちの固定観念や因習を打ち砕く力です。「早稲田新書」はそうした統合の知、問題解決のために組み替えられた応用の知を培う礎になりたいと希望します。それぞれの時代が直面する問題に一緒に取り組むために、知を分かち合いたいと思います。

早稲田で学ぶ人。早稲田で学んだ人。早稲田で学びたい人。早稲田で学びたかった人。早稲田とは関わりのなかった人。これらすべての人に早稲田大学が開かれているように、「早稲田新書」も開かれています。十九世紀の終わりから二十世紀半ばまで、通信教育の『早稲田講義録』が勉学を志す人に早稲田の知を届け、彼ら彼女らを知の世界に誘いました。「早稲田新書」はその理想を受け継ぎ、知の泉を四荒八極まで届けたいと思います。

早稲田大学の創立者である大隈重信は、学問の独立と学問の活用を大学の本旨とすると宣言しています。知の独立と知の活用が求められるゆえんです。知識と知恵をつなぎ、知性と感性を統合する知の先には、希望あふれる時代が広がっているはずです。

読者の皆様と共に知を活用し、希望の時代を追い求めたいと願っています。

2020年12月

須賀晃一